“大运河人物故事”丛书

丛书主编 张廷皓

近代大运河治理先驱

张謇

羌 建 庄安正 著

南京出版传媒集团 南京出版社

图书在版编目（CIP）数据

近代大运河治理先驱——张謇 / 羌建, 庄安正著
. -- 南京 : 南京出版社, 2022.1
（“大运河人物故事”丛书）
ISBN 978-7-5533-3394-6

Ⅰ. ①近… Ⅱ. ①羌… ②庄… Ⅲ. ①张謇（1853-1926）- 生平事迹 Ⅳ. ①K825.38

中国版本图书馆CIP数据核字（2021）第180178号

丛 书 名 大运河人物故事
丛书主编 张廷皓
书　　名 近代大运河治理先驱——张謇
作　　者 羌　建　庄安正
出版发行 南京出版传媒集团
南　京　出　版　社
社址：南京市太平门街53号　　邮编：210016
网址：http://www.njcbs.cn　　电子信箱：njcbs1988@163.com
联系电话：025-83283893、83283864（营销）　025-83112257（编务）

出 版 人 项晓宁
出 品 人 卢海鸣
责任编辑 徐　智
装帧设计 王　俊　张　淼
责任印制 杨福彬

制　　版 南京新华丰制版有限公司
印　　刷 江苏扬中印刷有限公司
开　　本 787毫米×1092毫米　1/32
印　　张 4.375
字　　数 67千
版　　次 2022年1月第1版
印　　次 2022年1月第1次印刷
书　　号 ISBN 978-7-5533-3394-6
定　　价 15.00元

用微信或京东
APP扫码购书

用淘宝APP
扫码购书

总 序

大运河是中国人民的伟大创造。这条始建于公元前486年的人工水道，作为中国历史上贯穿南北的大动脉，集漕粮运输、商旅交通、军资调配、水利灌溉等功能于一身，不但加强了全国各地区间的政治、经济联系和文化交流，维护了多民族大一统国家的稳定和发展，而且使北方的丝绸之路和南方的海上丝绸之路在古老大陆的东方形成了闭环，因而具有世界意义。时至今日，大运河沿岸遍布城镇、码头、仓库、船闸、桥梁、堤坝等各类遗存，构成了中国乃至世界范围内罕见的线性文化带，并成功地在2014年6月22日第38届世界遗产大会上入选《世界遗产名录》。2017年6月，习近平总书记对建设大运河文化带作出重要指示，指出“大运河是祖先留给我们的宝贵遗产，是流动的文化，要统筹保护好、传承好、利用好”。2019年2月，中共中央办公厅、国务院办公厅联合印发《大运河文化保护传承利用规划纲要》，就进一步保护好、传承好、利用好大运河沿线的丰富文化遗产提出了明确要求。

回顾大运河萌芽、发展和演变的过程，诸如国家政策、政治形势、军事需要、地理环境等，虽然也都会对其历史变迁产生一定程度的影响，但从根本上来看，“人”的作用往往显得更为重要。千百年来，大运河的规划者、开凿者、建设者、管理者、治理者，以及其他与大运河有关的各类人物，凭借着不拘一格的思考方式、与时俱进的思维理念、突破常规的制度创新、因地制宜的技术方法革新，比较圆满地解决了大运河形成过程中所遇到的自然、运输和管理等一系列问题，实现了大运河从地区性到整体性、临时性到制度性、零散性到系统性的质变。这些大运河历史上涌现出的杰出人物，作为创造、改变和塑造大运河的主体和关键，其思想观念中闪烁着的智慧光芒，和一言一行中表现出的担当作为，不仅是大运河历史上无比珍贵的宝藏，同时也是彰显和传播中华民族灿烂文明的重要文化遗产，值得我们进一步挖掘和弘扬。

与蔚为大观的河道变迁、漕运制度、城镇商业、文化风俗等成果相比，有关大运河人物的研究相对薄弱。为了展现大运河深厚而丰富的文化内涵，传承和弘扬中华优秀传统文化，南京出版传媒集团（南京出版社）决定推出一套“大运河人物故事”丛书。这套面向广大青少年读者的普及性读物，精选历代与大运河有关的著名人物，时间上从春秋战国直至民国时期，空间上则覆盖隋唐大运河、京杭大运河和浙东运河。每册均邀请学有专长的作者撰写，力图在准确把握史实的基础上，用生动活泼的语言文字，引人入胜的故事情节，丰富多彩的知识拓展，刻画每一位大运河人物的主要经历，涉及凿河规划、水利建设、漕运管理、治运思想与实践、研究著述以及后世影响等，在折射大运河变迁轨迹的同时，充分展现出这些人物与大运河的密切关系，以及对大运河的变迁所发挥的作用。

青少年是国家的未来和民族的希望，肩负着实现中华民族伟大复兴、建设社会主义现代化强国的历史重任。近年来，南京出版传媒集团（南京出版社）先后推出了“抵御外侮——中华英豪传奇”“抗战十四年·中华儿女传奇”等多套青少年读物，在培养青少年爱国主义精神、培育和践行社会主义核心价值观等方面，起到了十分积极的作用。衷心希望“大运河人物故事”丛书能成为广大青少年认识和了解大运河历史文化的良师益友，在深化他们对大运河文化内涵认知的同时，展现中华民族的聪明才智和中华文明的灿烂辉煌，为他们的健康成长树立文化自信，使之成为将来建设国家的栋梁之材。

（作者系中国文物学会大运河专业委员会主任委员、中国文化遗产研究院原院长）

目 录

引 言

在我国近代史上，有一位特殊的人物，他于1894年高中状元，却在1895年投身“实业救国”，人称“状元实业家”，他就是本书的主人公张謇。

张謇在大力创办实业的同时，出于需要人才的考虑，又开始创办新式学校，并进一步扩展到慈善、公益、城市规划建设等许多领域。几乎在每个领域，张謇都取得了惊人的成就，并造就了多个“中国第一”，如中国第一个民营企业集团——大生集团，中国第一家农业股份制企业——通海垦牧公司，中国第一家现代化渔业公司——江浙渔业公司，中国第一所独立设置师范科的民办师范学校——通州师范学校，中国第一所本科制民办女子师范学校——通州公立女子师范学校，中国第一所盲哑师范教育机构——南通盲哑师范传习所，中国第一所盲哑学校——狼山盲哑学校，中国第一所综合性戏剧人才专门学校——伶工学社，中国第一所纺织高等院校——南通纺织专门学校，中国第一所水产高等院校——江苏省立水产学校，中国第一所航海高等院校——吴淞商船学校，中国第一座公共博物馆——南通博物苑，中国第一座民办气象台——军山气象台，等等。2020年，习近平总书记两次点赞张謇，称他是爱国企业家的典范、民营企业家的先贤和楷模，号召全国企业家以及各界人士向张謇学习。

周恩来总理说过，中国的历史从某种程度上讲是部水利史。从中国的国情出发，擅治国者以治水为先。鲜为人知的是，张謇也是一位“以治水为先”的楷模呢！他一生与淮河、大运河打了四十多年的交道，被人称为近代水利先驱与“清朝末期唯一研究水利之学者”。

张謇青年时去过淮安，目睹了淮河水灾给民众造成的深重灾难，开始关注水利。中年投身“实业救国”后，张謇仍不忘自己的治水理想，结合创办实业，大力倡导治理淮河。随着治水实践的深入，张謇又认识到只有将治理淮河与大运河结合起来，才能收到更好的效果。为了推动淮河和大运河治理取得实效，他长期组织人力勘测淮、运水文资料，为后世治水留下了大量宝贵的科学数据；他大力倡导兴办水利人才培养机构，并亲自创办了中国近代最早的一所水利高等学校——河海工程专门学校，为中国培养了大量水利人才；他亲力亲为，策划、组织水利工程实施，并时常深入一线，亲自督导。综观张謇的一生，他在统筹治理淮河和大运河的过程中付出了大量心血，做了很多实事，对中国水利事业的发展产生了深远的影响。甚至直到生命的最后一刻，张謇仍然还在为了水利事业坚持不懈，怎能不让人为之深深感动！下面就让我们一起通过阅读本书，了解张謇与大运河之间这段不平凡的往事，体味张謇的精神品质。

第一章 “大德曰生”：状元实业家张謇

26年科场蹉跎史

1840年，英国入侵中国，鸦片战争爆发，战争以清政府战败并被迫签订《南京条约》告终，这是中国近代史上第一个不平等条约。此后，西方列强纷至沓来，中国面临“数千年未有之变局”。同时，列强的入侵，又激化了国内矛盾。1851年，洪秀全发动“金田起义”，太平天国运动爆发。1853年，太平军定都江宁府（今南京），改称天京。自此直至1864年太平天国覆灭，江苏成为清政府与太平军争夺的核心地区。

张謇像

张謇（jiǎn，意思是正直）即出生于这一乱世之中。清朝咸丰三年五月二十五日，即公元1853年7月1日，张謇出生在江苏省海门直

小贴士：私塾

私塾是私家学塾的简称，是中国古代开设于家庭、宗族或乡村内部的民间教育机构。私塾有着悠久的历史，一般认为起自春秋时期，孔子是第一个有名的大塾师。私塾按照学习内容和学生类型，分为蒙馆和经馆两类。蒙馆即启蒙的学塾，主要功能在于识字写字。经馆学生则以成年人为主，以儒家典籍为主要教学内容，与科举制度有着密切的关系。科举制度废除后，新式学校兴起，私塾顺应时代发展的需要，进行自我改良。直至新中国成立后，私塾才逐渐消失。

隶厅常乐镇，也就是今天的江苏省南通市海门区常乐镇。他自小聪明，5岁即入私塾，因勤奋好学而闻名乡里。

张謇15岁时，父亲和老师准备让他参加科举考试。但是，按照通州本地旧俗，从父亲开始往上数三代内没有取得过“秀才”以上功名的，被视为“冷籍”。出生在所谓“冷籍”家庭的考生要参加科举考试，必须要由本地具有资格和地位的人给予担保。由于“族谱久不修，而先世又率务农”，在张謇和家人的眼里，那便是

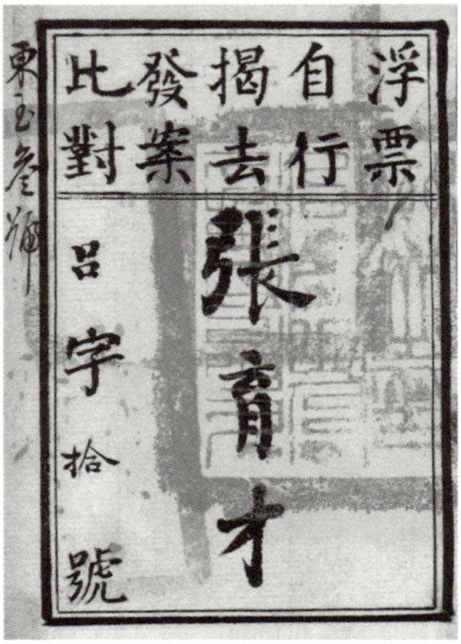

张謇参加州试时试卷上的浮票

属于“冷籍”无疑的了。

张謇自小读书出众，有人主动提出愿意担保，而他的老师却为他选择了另外一种方式，那就是让张謇过继到如皋一户姓张的人家，以其族人的身份参加考试。就这样，1868年，16岁的张謇改名“张育才”，先后参加了如皋县试和通州州试。

初入考场的张謇成绩很不理想，遭到了老师的严厉斥责：“假如一千人参加考试，录取九百九十九人，那唯一没有录取的一定是你！”张謇羞愤难当，在窗户、蚊帐上写上“九百九十九”五个大字，发奋自励。功夫不负有心人，这一年的十月，张謇通过院试，取得“秀才”功名。

但是，麻烦也随之而来，如皋张氏借机敲诈勒索，张謇一家忍无可忍，趁江苏学使到通州的机会，呈明情况。张謇的遭遇得到了多位通州地方名士和知州（通州地方最高行政官员）孙云锦的同情，并给予了大力帮助。1873年，经清政府礼部批准，张謇的学籍从如皋划归通州，这场历时近五年的风波终告平息。多年后，张謇专门将这一段经历回忆整理成《归籍记》，详细记录了当时自己的遭遇。

1874年，孙云锦调任江宁，邀请张謇同往。于是，22岁的张謇第一次走出家乡。到了江宁后，这里的人文荟萃让张謇大开眼界。除了帮助孙云锦处理军政事务外，他遍访名师，并考入了钟山书院等著名学校，学业大为精进。1885年，张謇北上京城参加顺天府乡试，高中第二名，并结识了户部尚书翁同龢（hé），建立了师生之谊。1894年，正值慈禧太后六十大寿，特开恩科会试。在这次会试中，张謇取中第六十名，在接下来的礼部复试中又取中一等第十名，获得了参加殿试的资格。在殿试中，又经阅卷大臣商议，被推为前十名之首，并最终被光绪皇帝定为“一甲一名”，状元及第，授予翰林院修撰。历经26年苦读

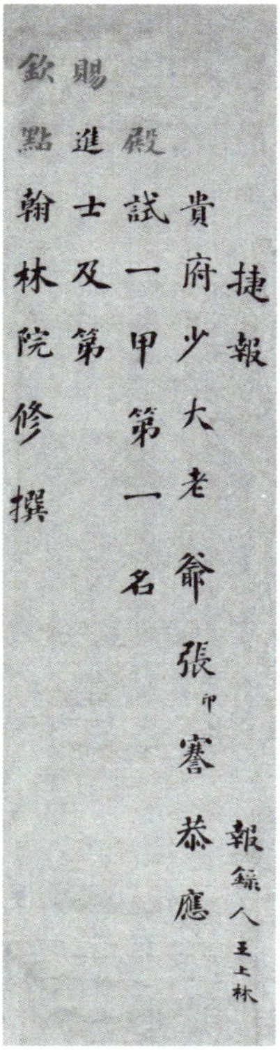

状元捷报

的张謇终于迎来了一名读书人最为辉煌的时刻。

十余年客幕经历

1874年，22岁的张謇受邀到江宁加入了孙云锦幕府，开始了他的客幕生涯。张謇的主要工作是协助孙云锦处理公务。1874年7—8月，张謇随孙云锦前往淮安处理渔滨村数年积案，第一次目睹了江淮农村贫苦农民的生活，深受触动，一连写下了20首反映现实生活的诗作。同时，也在他的心里埋下了为民解困的种子。

1875年初，经过孙云锦介绍，张謇结识了驻军浦口的淮军将领吴长庆，二人相互欣赏，成为至交。年底，孙云锦再次奉命调任河运差，询问张謇是否愿意一起前往。张謇由于备考乡试无法远行，婉言谢辞。1876年，

小贴士：幕府

幕府是古代军政官僚办公的地方。幕府一词初写作“莫府”，最早见于《史记·李牧传》：“以便宜置吏，市租皆输入莫府。”

经吴长庆多次邀请，张謇加入吴长庆幕府，担任机要文书，参与军中要务。

1882年，朝鲜发生兵变，日本乘机出兵朝鲜，署理直隶总督张树声与吴长庆商议，决定出兵平乱，以维护宗藩关系。张謇作为吴长庆的重要幕僚，随同前往。在朝鲜期间，张謇除负责起草文稿、参与重要决策和军事行动外，还撰写了许多有关朝鲜问题的文章，展露出卓越的军事外交才华。然而，张謇的见解并未受到朝廷重视，甚至被斥为“多事”，这让张謇深感失望。

此外，在吴长庆幕府期间，张謇还结识了袁世凯，并帮助袁世凯获得了吴长庆的器重。袁世凯以世侄身份

小贴士：宗藩关系

宗，即宗主国，藩，即藩属国。宗藩关系即指国家和国家之间在特定的时代背景下，结成的宗主国与藩属国的依附和责任关系。主要内容为：藩属国的国王继位，须经过宗主国的册封，才算取得合法的地位；藩属国需定期向宗主国朝贡；宗主国负有帮助藩属国维护统治秩序的责任。

前来投奔吴长庆，张謇奉命指导他读书。经过一段时间的相处，他发现袁世凯虽文化功底较差，但做事有条有理，对国际国内形势的看法也很有见地，于是与幕友朱铭盘商议向吴长庆推荐任用袁世凯。不久，吴长庆委任袁世凯为营务处帮办。在东征朝鲜时，又由于张謇的推荐，袁世凯升任前敌营务处，得到了施展个人才干的机会。

由于出兵东征朝鲜与李鸿章“牵掣政策”（即劝朝鲜与英美等国立约通商，企图借列强力量制约日本）相冲突，吴长庆受到了李鸿章的排挤，不久抑郁而死。1884年，张謇返回家乡通州，除继续勤奋读书之外，还在发展地方慈善事业和经济文化等方面做了不少实事。

1887 年，孙云锦奉调开封知府，再次邀请张謇入幕，张謇随即前往开封。到任不久，黄河在郑州决口，“被灾之民，四散奔逃，不知凡几”。张謇奉命勘察灾情，后又奉河南巡抚倪文蔚委托，主持河工计划。然而，张謇的主张始终未被采纳，于是决意辞去职务，十余年的客幕生涯也因此正式结束。

甲午后投身实业

1894年，张謇高中状元，正式进入官场。不久，蓄谋已久的日本悍然发动侵华战争，清政府被迫应战，史称“中日甲午战争”，战争以清政府的惨败告终。1895年，清政府与日本签订了丧权辱国的《马关条约》，割地赔款之外，还允许日本在中国通商口岸开设工厂。这是《马关条约》与清政府以往所签不平等条约最显著的区别。

在张謇看来，日本之所以要在中国通商口岸开设工厂，就是要利用中国本土的廉价人力和自然资源就地生产，然后将产品直接销售给中国，这样就能大幅缩减成本，并用低廉的价格抢占中国市场。张謇认为如果任其发展，将对中国的经济造成致命的打击，他将之形象地比喻为“沥血肥虎”，认为《马关条约》几乎是要抽光中国的血液，反映出了日本侵略者的险恶用心。

《马关条约》的内容既让张謇感到十分愤怒，也令他对国家前途产生了深深的忧虑。于是，他做出了一个决定，那就是弃官从商，创办工厂，以实际行动与日本侵略者进行抗争，维护中国的权益。

1895年，张謇开始在家乡通州（1912年改称南通，即今江苏省南通市）筹备创办机器纱厂，经过近四年的艰难困苦，纱厂终于在1899年建成投产。张謇取《易经》中“天地之大德曰生”之意，为纱厂取名“大生”。张謇自己解释说：“我们儒家，有一句扼要而不可动摇的名言：‘天地之大德曰生。’这句话的解释就是说一切政治及学问，最低的期望，要使得大多数的老百姓，都能得到最低水平线上的生活。”“换句话说，没有饭吃的，要他有饭吃；生活困苦的人，使他能够逐渐提高。这就是号称儒者应尽的本分。”

大生纱厂的成功创办使张謇信心倍增，他拟定了庞

大生纱厂早期表门

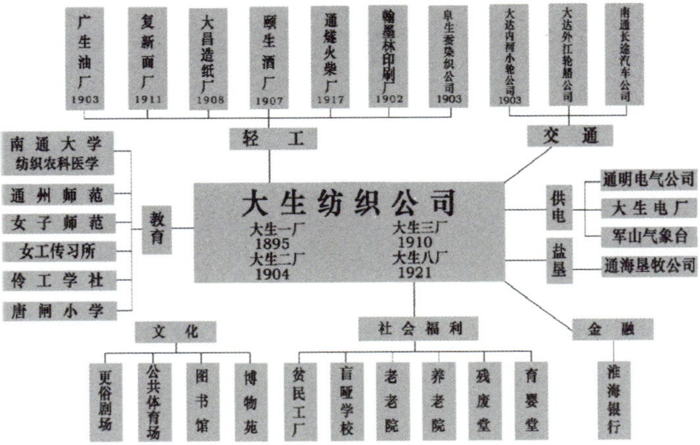

大生企事业系统结构示意图

大的发展计划，准备将纱厂扩展到8个。到1923年，大生已陆续建成了一、二、三、八4个厂，一跃成为中国当时规模最大的纱厂之一，闻名全国。同时，张謇还以大生纱厂为核心，建成了一系列密切相关的产业，涉及农业、酿造、交通、面粉、油料、肥皂、蜡烛、碾米、火柴、冶铁、造纸、出版、电力、银行、房地产、对外贸易等诸多领域，形成了规模庞大的大生资本集团。不仅如此，他的实业还扩展到上海、镇江、盐城、东台、阜宁、宿迁、景德镇等地。张謇也因之成为名声显赫的一代实业大王。

爱国企业家楷模

在兴办实业的同时，张謇认识到培养人才的重要性。他认为教育与实业相互依存、互相促进，两者不可分割，因此将大生企业获得的利润，用于大力兴办教育。

出于教育首在培养教师的主张，1902年，张謇创办了通州师范学校，该校成为中国第一所独立设置师范科的民办师范学校。孙中山曾赞誉通州师范“开创全国师范教育的先河”。

有了师资的保障，张謇开始了全面的教育实践。二十余年里，先后建成了涵盖学前教育、小学教育、初

通州师范学校表门

小贴士：约翰·杜威

约翰·杜威（John Dewey，1859—1952），美国著名哲学家、教育家、心理学家，实用主义的集大成者，现代教育学的创始人之一。杜威的思想曾对20世纪前期的中国教育界、思想界产生过重大影响，他也曾到访中国，培养了包括胡适、冯友兰、陶行知、郭秉文、张伯苓、蒋梦麟等一批国学大师和学者。

等教育、中等教育和高等教育，以及职业教育、特殊教育在内的完整教育体系。根据一些学者的统计，由张謇主持和参与创办的中小学校达到了370多所，专门职业学校十多所。1920年，美国教育学家约翰·杜威到南通参观演讲，盛赞："南通者，教育之源泉，吾尤望其成为世界教育之中心也。"除南通外，张謇的教育实践还扩大到全国各地，今天的复旦大学、南京大学、东南大学、河海大学、扬州大学、上海海洋大学、上海海事大学、东华大学、景德镇陶瓷大学等国内众多高等学校，都与他有着密不可分的联系。张謇为中国教育事业的发展做出了杰出贡献，他也因之成为名副其实的教育家。

张謇始终没有忘记以民生为本的初心，他认为：“国家之强，本于自治；自治之本，在实业、教育；而弥缝其不及者，惟赖慈善。”围绕民生，张謇兴办了大量慈善公益事业，他提出：“除旧有恤嫠（xù lí，即救济丧偶的妇女）、施棺、栖流诸事外，凡特设之事六：曰新育婴堂，曰养老院，曰医院，曰贫民工场，曰残废院，曰盲哑学校。”从实际办成的慈善公益机构来看，张謇的实践已远超设想，还包括了改良妓女的济良所，规范殡葬的“义园”、旅（lǚ，意为祭祀）殡所，收治恶犬的“野犬栏”等，可谓细致入微。

张謇的理想绝不仅限于发展实业和教育，以及慈善公益事业，而是通过以上三者的互动，达到振兴经济、启发民智、改良社会的目的，造就一个“新新世界之雏形”，并产生示范作用，辐射全国，从而实现其助力民族复兴的宏伟抱负，实乃“爱国企业家的楷模”！

第二章　情系水利：张謇关注治运的过程

晚清大运河之困境

自公元前486年吴王夫差开凿邗沟，沟通长江和淮河，到隋朝利用邗沟故道、历代地方性运河以及自然水道，开通了纵贯南北、长达2700多千米的大运河，又经过千余年的发展，直至清代，大运河始终作为漕运的主要通道，承载着南北经济、文化交流大动脉的作用。因此，历

小贴士：漕运

中国古代政府将征收的财物（主要是粮食），经水路运送到都城或指定地点，从而实现全国资源的调配，这种通过水路运输物资的方式被称为“漕运”。在漕运的过程中，如果遇到水路不通的地方，往往还需要通过陆地运输进行中转，称为“转漕”。

代统治者们对于大运河的维护修缮一直都十分重视。

晚清，起自1840年，止于1911年，也是中国近代史的初期。这一时期，黄河决口改道，泛滥成灾，加之战乱不断等因素综合影响，使大运河日益陷入困境。

1855年，黄河在河南铜瓦厢（今河南省兰考县北部）决口，改道由山东利津（今山东省利津县）入海。

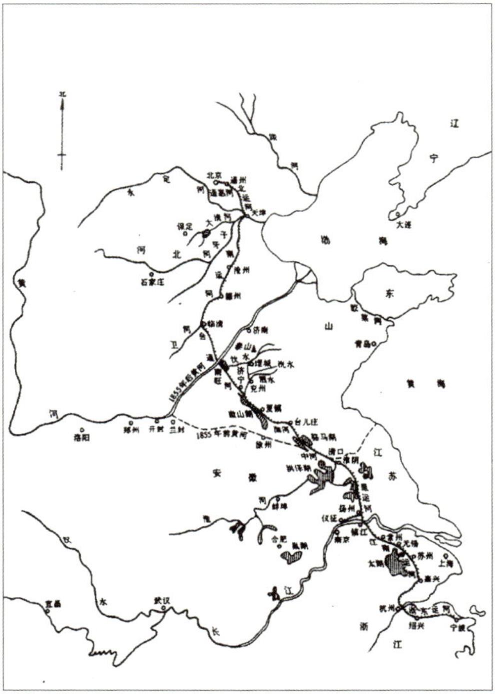

清后期京杭大运河示意图（《济宁运河文化研究》）

黄河水漫过大运河，造成运河堤岸多处坍塌，情况十分危急。但此时正值太平天国运动高潮期，太平军在南京建立了政权，控制了江淮一带大片地区。尤其是1853年，太平军北伐，战火一度波及大运河沿线地区，并直逼天津，威胁北京，引起清政府极大恐慌。此一时期，清政府将主要精力用于镇压太平天国，既无力顾及黄河之灾，也无暇顾及大运河，造成大运河多年失修，处于荒废状态，漕运也随之停顿，改为海运。

1864年，太平天国灭亡。清政府计划恢复大运河航运。1866年，开始治理山东境内的大运河，但是不久黄河再次发生决口，工程被迫停止。1869年，清政府开始疏浚南北运河淤浅之处，但到了1873年，黄河又在山东东明决口，大运河南起宿迁、济宁，北至东阿，都受到了很大影响。1906—1907年，清政府再次试图修复大运河，无奈又以失败告终。从山东巡抚杨士骧的奏折来看，大运河已经到了无法修复的地步。总体来看，晚清政府并没有放弃对大运河的整治，但是由于缺乏系统的治理规划，往往是头痛医头、脚痛医脚，加之黄河时常决口泛滥，致使治理工作举步维艰。

光绪二十七年（1901），清政府正式颁布停漕改折

（即停止征收作为税收的粮食，而将其折算成银两来替代）的命令，漕运因之逐渐废止，因征运漕粮而设置的机构也逐渐革除。1908年，管理运河漕运的总督及各省粮道等官职均被裁撤，大运河的漕运使命自此告终。同时，以推翻清王朝为目的的革命浪潮日益高涨，清政府的统治已是摇摇欲坠，大运河治理也随之无人问津。

入职幕府，初涉水利

进入孙云锦的幕府开启幕僚生涯期间，张謇开始涉及水利。总体来说，张謇初涉水利可以分为两个阶段，经历了从初步思考淮河治理，到参与治理黄河的过程。

第一个阶段：初步思考治淮。淮河介于长江和黄河之间，原是独流入海的大河。自南宋建炎二年（1128）黄河决口改道，夺淮入海，至1855年再次改道由山东入海，黄河侵淮夺淮长达700多年，对淮河水系造成了很大的影响。在泥沙淤积的同时，黄河改道留下一条高出地面的废黄河，阻断了淮河上下游水流，造成了淮河排水不畅或水无出路，以及淮河流域“小雨小灾、大雨大灾，无雨旱灾”的局面。1874年6月，孙云锦前往淮安处理渔滨村积

小贴士：《复淮故道图说》

淮阴（今淮安）地方士绅丁显所著，该书详细阐述了其“导淮”的观点，主要包括：导淮是“除积世之害，建万世之利”的大事；导淮是当务之急；恢复淮河故道；恢复黄河故道。丁显的见解得到了两江总督曾国藩和漕运总督张之万的支持，但由于花费巨大，政府财政紧张，未能取得实际效果。

案，张謇随同前往。在淮安的一个多月，淮河的灾情及当地民众所受的痛苦，给张謇留下了深刻的印象。张謇此时虽然只是一个乡村穷秀才，既没有地位，手中也没有财力，研究水利的兴趣与志愿却由此产生。他仔细研读了淮安士绅丁显的《复淮故道图说》，以及明清治水专家潘季驯、靳辅等人的治淮著作，开始思考治淮之策。

第二个阶段：参与黄河治理。1887年，张謇再次应邀加入孙云锦幕府。到任不久，黄河在郑州决口，张謇奉命查勘水情，办理赈灾。他冒险乘船遍历决口上下游，查看水势，调查灾情，写下了《郑州决口记》，记载当时的各种情形，十分详尽。其中，对灾民的惨状进行了生动的描述，痛切之情溢于言表。在详细考察的基础上，他查阅资料，研究治理的对策，力主开辟多条水道，疏导黄河由山东入海。同一时期，北洋大臣李鸿章也委托了欧洲水利专家贾海到郑州视察，贾海认为必须将黄河疏浚为若干河道，分流入海。这一见解与张謇的观点不谋而合，但张謇却遭到了守旧官员及工头的一致反对，钦差督办河工大臣李鸿藻亦不以为然。张謇见自己的主张无法实行，知道自己地位低下，无法改变主事者的观点，感觉黄河治理已经无望，于是辞去幕僚职务，决心回到家乡继续读书，求取功名。

实业所系，倡导治淮

1894年，张謇科举夺魁，官居翰林院修撰。同年，甲午中日战争爆发，清政府战败，被迫签订《马关条约》。得知条约内容的张謇深受刺激，决定弃官从商，实业救国。1899年，大生纱厂开机投产，大获成功。为了解决棉花供给问题，保障纱厂的快速发展，1901年，他开始尝试利用通州、海门（简称“通海地区”）沿海滩涂，创办通海垦牧公司。由于垦牧公司处于滨海荒

通海垦牧公司第一届股东合影（前排白色上衣者为张謇）

滩，兴修水利于是成为首要任务。在兴修通海垦牧公司水利工程的同时，他认识到通海地区与淮河有着密切的关系，加之对治理淮河一事念念不忘，他时常“审度地势，咨询里老”，探求淮水入海不畅的原因。

1903年底，张謇将多年研究成果撰写成《淮水疏通入海议》，较为系统地阐述了通海地区与淮河治理的关系，并表达了自己的主张。这是张謇第一篇专门讨论淮河治理的文章，本文开篇即指出：从江都仙女镇向东，经过泰州、如皋、通州，直至临近黄海的吕四场，长275千米的

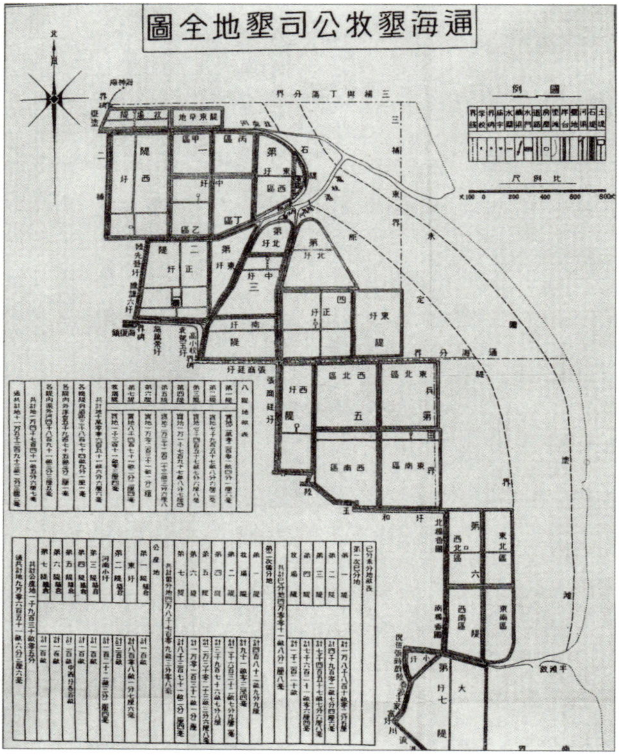

通海垦牧公司垦地全图

运盐河，是淮河的支流之一。他坚持淮河应独立入海，并进而提出：在创办垦牧公司之初，应先于公司三补界内第一堤北开辟一条新河，作为淮河出海之路，同时也有利于通海地区的排涝和运输。他还提到自己由于经营盐业公司（位于吕四场），得便考察运盐河，这使他更加明确了建设运盐河入海通道的主张。张謇绝非说说而已，而是为此制订了详细的开工计划和任务分工。

1904年，张謇上《请速治淮疏》，提出“淮所以为灾者，入海路断，入江路淤”的见解，并指出当务之急在于运盐河的疏浚。同时，他开始结合垦区水利工程规划，疏浚运盐河，连接吕四，经大刀坝入海，为缓解淮河水情做出了积极的尝试。

从“淮运并筹”到集中治运

1906年，连日大雨，淮河水宣泄无路，发生大灾，仅海州（今江苏连云港）、徐州两地灾民即达50多万。张謇忧心如焚，写成《复淮浚河标本兼治议》，呈送两江总督端方，首次将治理淮河和黄河进行了统筹考虑。他深刻地指出“治病者当知病所由受之处而治之”，即首先要弄清楚问题的根本原因，从而加以根治，才能收到切实的效果。他全面回顾了淮河的演变历史，认为自宋代黄河夺淮以来，治河的大臣们大都只注重治河而忽视治淮，而治理淮河恰恰是其中的关键环节。

出于这种认识，他提出三条建议，即复淮、浚河和以工代赈。复淮即修复淮河故道，浚河即疏浚废黄河（1855年，黄河在河南铜瓦厢决口，改道由山东入海，铜瓦厢以东黄河断流，成为废黄河），引沂河、泗河、洪泽湖之水入废黄河，两者结合，目的在于畅通水道。这中间，由各地官绅就地组织壮丁，作为复淮和浚河的人工，即“以工代赈”，这样既解决了劳动力的问题，民众也可借以谋生；既有助于减轻政府赈济的压力，也可起到安定民心的作用，比单纯赈济效果要好得多。

为了将治理淮河的主张付诸实践，1907年，张謇倡议创办导淮公司。在《议办导淮公司纲要》一文中，张謇注意到了淮河对大运河的影响，认为由于淮河入海之路堵塞不畅，改由扬州运河入江，中间经过高宝、邵伯等湖，泥沙节节淤积，运河河床也因此日益抬高，一遇大水，则危如累卵。疏导淮河入海、入江通道，必然会降低水患对运河的冲击，因此他提议在疏导淮河的同时，“更测运河入江之道而大浚之”，这是张謇首次提出淮河和大运河同步治理的主张。

张謇的主张再次受到了多方阻挠，如两江总督端方就竭力反对，更有甚者，淮扬道杨文鼎向端方“献计”，在1907年测量中矫造数据，把淮河故道的测量结果故意抬高了数米之巨，从而以“开挖量过大”为由，阻挠计划的实施。面对此种情况，张謇气愤难当：“当局官吏，且有改窜真形，加高河底，以难我理论者，可痛滋甚！”同时，面对种种阻挠，他感慨道：“无穷希望，顿时消灭。”可见张謇当时的失望之情。

但张謇并没有放弃，据《啬翁自订年谱》记载，1909年正月，他主持修建了吕四的“四十七八总”船闸，目的主要有两个：一是“以利蓄泄”，即方便蓄水和泄洪，调节水量；二是“以通淮委河”，并解释“淮

小贴士：四十七八总

“总”这一名称来源于与盐业有关的“团煮制度”。团煮制度起于宋代，为了便于统一管理盐业生产，政府把一个地方的盐户集中起来，分成若干个团，每团辖数个“总”。久而久之，“总”便成了这一地区的地名。今南通尚有通州区的“五总”“十总”；如东县的“八总庄”“九总庙”“十四总”“十八总”；启东市的“念总”（“念”为“廿”的谐音，意思是二十），等等。

委河”即1903年《淮水疏通入海议》中提到的运盐河，从而为“淮水支流经里运河入海”疏通道路。1909年，江苏咨议局成立，张謇被公推为议长。他倡议由全省议员发起组织，集股创办江淮水利公司，先事测量。同时，成立水利协会，集合各界力量，共同致力于“为江北永除症结”。次年，张謇在《拟江北水利公司最初第一节之办法》中，提出“淮旧病于河，其原实病于运”的观点，即黄河夺淮期间，淮河受黄河影响最重，但究其根本原因，在于大运河治理上的缺失。因此，对大运河进行治理是治理淮河的重要环节，应当统筹进行。

1913年，张謇奉民国总统袁世凯令担任导淮督办，上任后不久，接连发表《治淮规画之概要》和《导淮计画宣告书》，其中反复强调治理淮河“兼须规及运河”。同年底，张謇出任工商、农林两部总长，不久又受命兼任全国水利局总裁，为他统筹治理淮河和大运河提供了重要平台。

担任工商、农林两部总长兼全国水利局总裁期间的张謇

上任后，张謇为了加强与治

水先进国家的合作，先后从荷兰、美国、瑞典等国延聘了一批水利工程专家进行技术指导，对全国主要河流按轻重缓急，分工程主次，全面制订计划，并把导淮治运列为重中之重。

1914年初，张謇经美国驻华公使保罗·芮恩施（Paul S. Reinsch）介绍，与美国红十字会订立了一个借款导淮的草约，由美国红十字会推荐一个资本集团向中国借款3000万美元用于导淮。张謇对这笔可观的借款十分看重，并积极争取。他想用这笔资金，从三个方面治理淮河和大运河：一是对淮河本身的河床进行常年的疏浚，并拓宽加深；二是对淮河入海口淤积的泥沙进行清理，通畅淮河入海的水道，同时减轻里运河的压力；三是以原来由运盐河组成的串场河为基础，在古运河之东开一条新运河。这条河与古运河平行，可以将淮河、泗水、沂水分流，达到“七分入江、三分入海”的目的。

可惜不久第一次世界大战爆发，借款之事被迫搁置，但对于这次千载难逢的机会，张謇还是十分期待。这一年下半年，张謇提出辞去农商总长职务，专任全国水利局总裁，他在给袁世凯的辞呈中说：“谨当专以水利局务自效，为大总统稍分万一之忧劳，仍以美款之成否，为将来之进止。”遗憾的是，借款一事最终也未能达成。

1914年5月，张謇偕同荷兰水利工程师贝龙猛，由南通启程至淮阴（今淮安），坐船沿途实地勘察淮河及相关河湖，为更进一步科学制定治淮之策提供依据。不久，张謇发表《淮与江河关系历史地理说》，对黄河入淮的历史和影响，以及大运河与黄河的关系进行了分析。进而指出，历代政府为了保障漕运，专重治理大运河，对黄河和淮河之间的关系不加考察，导致淮河治理长期没有得到足够重视，以至于1855年黄河改道从山东入海后，因淮河长期得不到治理，泥沙淤积，水流不畅，对大运河的影响也日益突出，形成了恶性循环。这一认识，更进一步坚定了张謇对淮河和大运河进行综合治理的主张。

1914年，袁世凯复辟帝制的野心日益明显，张謇多番苦劝不成，请求辞职。1915年底得到批准，张謇至此退出民国北京政府，专注南通地方自治事业。其间，他对导淮治运仍是勉力为之。1916年初，他指导通海垦牧公司“加浚北河，以畅淮支流经里运河入海之路”。可见，他自1903年提出这一想法后，从未放弃。

1916年，已辞去民国北京政府职务的张謇，还在密切关注着政府对于淮河和大运河的治理。为此，他专门致电国务总理段祺瑞："应请令水利局即饬清江浦测局人员，会同江苏治运人员商定处所办法，并令水利局外国咨询工程师复勘，而后着手，较为正确。"但是，这一建议非但没有得到支持，段祺瑞反而以财政困难为由，提出裁撤全国水利局的想法，张謇十分担忧，极力陈说不可撤除的理由。

1919年，张謇发表《江淮水利施工计画书》，洋洋洒洒3万余字，将江淮水利统筹考虑。全文共分三章，其中两章涉及大运河，分别为"淮运施工计画""沂运施工计画"，结合大量公式、图表，对淮河与大运河、沂水与大运河的关系进行了详细分析，并制订了具体的施工计划。该《计画书》是张謇多年治水思想的一部集大成之作，在民国时期长期发挥着重要的指导作用。据毕业于河海工程专门学校，民国时期担任中国水利工程学会会长、水利部政务次长的著名水利专家沈百先回忆："张先生所拟《江淮水利施工计画》遗规，为导淮工程计划之唯一参考资料。"民国十七年（1928），中央建设委员会组织导淮委员会，厘定导淮工程计划，"可谓归功于张先生十八年多所悉心筹划遗规之重要启示也。”

张謇从倡议导淮到主张淮河和大运河统筹治理，四处呼吁，并亲自调查研究、组织测量，付出了大量心血。但是，由于多方阻挠、经费缺乏，以及时局动荡等原因，始终未能得以实施。正在张謇一筹莫展之际，督办江苏运河工程局的成立让他又看到了一线希望。

1919年，在社会各界的呼吁下，民国北京政府决定成立督办江苏运河工程局。由于张謇长期致力于苏北水利，颇著声望，总统徐世昌特派人邀请张謇担任督办，全盘负责督办江苏运河工程局的运作。此时的张謇虽已67岁，但自己为江淮水利奔走40余年，对于督办江苏运河工程局的成立内心还是十分欣喜的，他欣然接受了任命。从此，张謇开始全力投身于大运河治理之中。

第三章　培养人才：从测绘科到水利学校

实用人才异常缺乏的感叹

1895年，张謇在家乡通州开始筹办机器纱厂，以图“实业救国”。在筹办过程中，他越来越感到科学知识的重要性，同时也越来越感到中国教育的落后和实用人才的缺乏。1903年，张謇东游日本考察，在归国后写成的《癸卯东游日记》中发出了“执笔论事而悔读书之少，临事需人而悔储才之迟”的感慨，一方面反映出他对日本教育事业发达的赞赏，另一方面表达了对中国缺乏各类专业人才的忧虑。

在张謇看来，科举制度下的中国读书人“从小到老，从读书到做官，埋了头，捧了书，执了笔，只是为了赶考；先关在家里，再关到场里，拿一个人的活灵活气，都斫丧完了。所以从前中国人，除掉了读死书的本职以外，没有发扬志气，做实事的趋向。就是有人，用

小贴士：《癸卯东游日记》

1903年，张謇应邀赴日参观日本第五次国内劝业展览会，前后历时70天，历经20座大中城市，考察了大量农工商企业以及各类学校。这次日本之行，对张謇触动很大，对他的思想产生了深远影响。回国后，他将所见、所闻、所思、所感整理成《癸卯东游日记》，由当时的通州翰墨林印书局编印出版。《癸卯东游日记》较为详细地记录了当时日本社会、文化、教育、经济、政治诸方面的情况，为后人了解当时日本的社会面貌提供了宝贵的资料。

一点实用的学问功夫，也决不是科举制度的养成，实在是靠个人的抱负，跳出了牢笼”。因此，张謇大力呼吁兴办新式教育，并亲力亲为，创办了一系列新式学校，培养实用人才，为发展实业提供保障。

清末民初，中国实用人才的严重缺乏是一个普遍的现象。发展新式教育，培养实用人才刻不容缓。直到1921年底，张謇在写给友人的信中仍不免感叹：中国“今日处处乏才，而教育尤甚，实苦无相当可举之人”。而当时西方国家科技较为发达，培养了较多的实用人才。张謇客观地提出“为其先者，在借异域之才”，因为“势不能不延”。同时，他也认为“又不能尽延”，希望通过引进西方人才，促进国内相关人才的培养，并认为这才是最为根本的目的。

1915年，张謇在《河海工程专门学校旨趣书》中谈及自己竭力创办学校的原因，认为“治河，科学的事业也”，“文明各国，治河之役，皆其国之名师大匠学术精湛、经验宏富者主之，夫然后可以胜任而愉快”。并进而指出，明清两代“治河数百年”，耗费大量财力，而河患却越来越严重，“推其主因，在不知本。本者何？人才是已”。1922年，张謇又在说明创办河海工程专门学校的原因时说：“吾国人才，异常缺乏，本应在工程未发生之先，从事培养，庶不至临事而叹才难，自毋须借欧美之才供吾使用。”一方面反映出他对人才缺乏的无奈，另一方面则表明了其培养本国人才的迫切愿望和坚定意志。

通州师范学校测绘科与土木工科的开设

张謇早就认识到教育对国家振兴的重要性。1895

年，他在替张之洞起草的《代鄂督条陈立国自强疏》中就倡议“广开学堂”。这一年，张謇与张之洞频繁交往，互相交换了关于学务、商务的看法。张之洞十分欣赏张謇的才学，委派他“总理通海一带商务”。关于学务，张謇提出要先组织一个论学的团体，再付诸实践。

1899年，大生纱厂建成投产，此后日渐发达。为了保障纱厂的棉花供给，张謇又于1901年创建通海垦牧公司。出于培养人才对发展实业重要性的认识，他开始着手发展教育事业，并逐渐形成了“实业教育迭相为用”的思想。

1901年，张謇发表《变法平议》一文，按照清政府“六部”的职能分类，提出改革主张。其中提出，培养有用的人才，要先多开新式学堂。并进一步指出，办教育应有一个次序，应首先从小学办起，再逐渐拓展，建立完整的教育体系。而要办小学，就必须先从培养师资做起。

1901年秋，张謇多次劝说两江总督刘坤一兴办新式学校，并亲自拟订了初、高两级小学和中学的课程规划。1902年春，他又应刘坤一的邀请，到江宁与罗振玉讨论办学的次序，议定从师范学校办起。但是，这一建议却遭到了刘坤一身边一些守旧官员的阻挠，使得刘坤一犹豫不决。张謇十分失望，决定在家乡自办师范学校。当年秋季，他选定通州城东南已荒废的千佛寺为校址，开始了筹建工作。经过7个月改造修建，通州师范学校终于在1903年4月建成开学，成为近代中国第一所独立设置师范科的民办师范学校。

通州师范学校是一所中等师范学校，主要培养小学师资。当时的教员和学生文化程度都比较高，首批聘请的教员中就有著名学者王国维，以及日籍教师共十余人。报考学生多为旧学士子，连举人也来应试。在课程设置上，根据《通州师范学校学课章程》，初期设有伦理、教育、国文、日文、历史、地理、算术、理化、博物、图画、体操十一门必修课程，另外加设政治经济

通州师范学校全景

学、农学、英语三门随意科。后根据实际需要，多有增设，其中就包括测绘科和土木工科。

1906年，出于测绘通州全境，为制定发展规划提供依据的需要，张謇请求大生纱厂股东从盈余利息之中捐助若干，在通州师范学校附设测绘专科，“以养成测绘人才”。测绘科学生主要有两个来源：一是从校外招收新生，二是从在校学生中挑选一部分数学成绩比较好的。1907年，学校聘请曾在台湾土木局担任技师的日籍教师宫本几次主持测绘科，并开设专业技术课程，主要包括测练测量、手板测量、罗针测量、经纬仪测量、水准测量、实习与制图等。当年开始，张謇组织测绘科学生用了近两年时间，对通州全州县进行大规模的测量绘图，制成1：5000的全境详图，从而摸清了通州全境的水土资源，为全面规划建设提供了客观依据。

1908年正月，测绘科首批43名学生毕业，他们中的大多数成为通州测绘局的骨干力量。同时，学校又从测绘科毕业生中选取9人编班，继续增设土木工科。开设的专业技术课程包括力学、建筑材料学和施工法、三角测量、图根测量、河海测量、河工学、筑港学、道路学、制图实习等。

1909年，张謇在写给端方的信中提出，导淮必从查勘全流域和测量工作入手，并建议设立江淮水利公司，在清江浦设测量局。1913年，张謇任导淮督办时，实测淮河水道地形图。通州师范学校测绘科与土木工科的相继开设，为中国的水利事业培养了一批实用人才，发挥了重要作用。

河海工程学校等相继创立

1913年底，张謇出任民国北京政府农商总长，兼任全国水利局总裁，负责规划导淮治黄、疏浚大运河，以及开垦苏北滨海滩涂等。

由于国内懂水利工程专门技术的人很少，通州师范学校测绘科与土木工科培养的学生也还远不能满足实际需求，急需大量专门人才。据张孝若在《南通张季直先生传记》中回忆："我父认为，要整治水道，有二种要素：一是经费，二是人才。而技术人才的养成，尤为最殷切普通的需要。外国工程师固然要聘请，然而需要的地方既多，就应该在国内创办河海工程学校。"张謇对此抱了很大的期望，"此三年中，南北治水，皆有大工，学期之内，可以参观。毕业以后，练习有所。十年内外，我国河海工程庶有人才可用”。

1914年2月，张謇在《条议全国水利呈》中再次提出“宜设河海工程学校”的主张，并认为此事已迫在眉睫。7月和11月，又先后撰写《请设高等土木工科学校先开河海工科专班拟具办法呈》和《拟请拨款即设河海工程学校并分省摊筹常费办法呈》，竭力推进河海工程学校的创建。

从张謇写于1915年1月14日的《关于河海工程专门学校经费预算及筹办情形的呈文》来看，河海工程专门学校校址（借用江苏省议会房屋改为校舍）、经费（奉令饬河北、山东、江苏、浙江四省各拨开办费5000元）、师资等问题已得以逐一解决。此外，张謇还聘请了前江苏教育司长黄炎培、前都督府秘书长沈恩孚为筹备正副主任，许肇南为校主任，商订学校章程、课程设置、办学经费、教职员工等事宜。经过张謇历时一年多的反复呼吁，四处活动，河海工程专门学校已是呼之欲出。

1915年1月28日，张謇在《河海工程专门学校旨趣书》中再次强调培养实用人才的重要性，指出从国外聘请人才的“三困”：第一，耗费财力；第二，语言不通，影响沟通；第三，外人对中国河流的历史地理不熟悉。因此，引进外国人才只能是权宜之计，培养本国水利人才才是长久之计。

同时，张謇提出学校的教育方针在于：第一，注重学生道德思想，以养成高尚的人格；第二，注重学生的身体健康，以养成勤勉耐劳的习惯；第三，教授河海工程必需的学理技术，注意实地练习，以养成切实实用的智识。

此外，张謇还要求河海工程专门学校的学生要学贯中西。首先，欧美国家已有多年的河海工程经验，并形成了一整套科学的治理方法，在工程技术上需要重点学习他国的经验。其次，中国传统的水利工程方法也不可废弃，要懂得中国国情，决不可一味地照搬欧美。学生们在学习中，要注重掌握真才实学，奉献给祖国的水利事业。

河海工程专门学校开学典礼（前排左起第十为张謇）

1915年3月15日，在张謇的倡议和主导下，河海工程专门学校在南京开学，成为中国第一所水利高等学府。

河海工程专门学校校徽

河海工程专门学校第一年招收80人，并选择其中数学、英语基础较好的学生办特科班，“授予切要功课，冀急可致用”。学校强调学生既需具有扎实的理论基础和专业知识，又应注重科学实验与实地实习的结合，以养成实际的工作能力。为了强化人才培养质量，除聘请外国工程专家来校执教之外，河海工程专门学校还选拔优秀学生到国外留学深造，张謇甚至还自掏腰包给予资助，如派送宋希尚去欧美学习水利等。

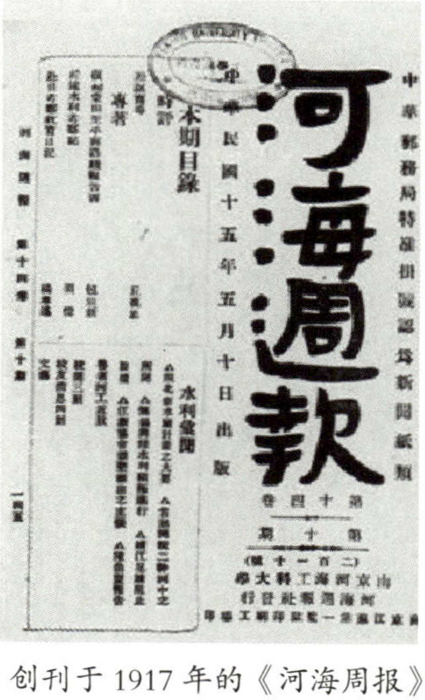
河海週刊
中華民國十五年五月十日出版
中華郵務局特准掛號認為新聞紙類
第十四卷
第十期
本期目錄
水利彙聞
南京河海工科大學
河海週報社發行

创刊于1917年的《河海周报》

1924年，河海工程专门学校与东南大学工科合并，改名河海工科大学，茅以升担任校长。

据创刊于1917年的《河

海周报》十四卷十四期“校闻”专栏刊载的《历届毕业生服务状况之调查》，自1917年到1925年，毕业生共计168人。其中，服务于水利工程界的44人，占比约26%，加上其他相关工程，如道路、建筑、市政等73人，共计各类工程人员117人，占比约70%。此外，还包括教育界26人，留校任教的也不在少数。

而据《河海大学校史（1915—1985）》统计，从1917年第一届学生毕业到1927年并入第四中山大学，十年间，该校毕业学生共232人，其中有15人在中央水利机关任职，在各大流域机构担任重要职务的有25人，从事水利教育事业的有20人，另有29人担任过各省正副水利厅长或总工程师。毕业生中，不乏如汪胡桢、宋希尚、须恺、沈百先、黄文熙等著名水利专家。

20世纪30年代初，张孝若在《南通张季直先生传记》里说“现在国内河海工程人才，大半都是南京河海工程学校毕业出来的人”，概括了河海工程专门学校所取得的成绩。当代美国著名学者、华盛顿州立大学教授皮大卫（David A. Pietz）也盛赞道：“张謇建立的一些水利学校的毕业生们，成了20世纪的技术专家和水利界的领导人物。”

河海工程专门学校学生在南通进行测量实习（1916 年）

在张謇筹办河海工程专门学校的同时，一些从事水利活动的地方官员也开始在地方上创设水利人才培养机构。如1915年2月，筹浚江北运河工程局总办马士杰在高邮设立江北水利工程讲习所。

为了在更大范围培养水利测绘人才，张謇又提出了创办河海工程测绘养成所的倡议。在写于1915年8月5日的《拟请申令各省速设河海工程测绘养成所呈》中，他要求各省迅速设立河海工程测绘养成所。19日，张謇又亲自制定了《河海工程测绘养成所章程》，规定学校为两年制，“操行端正，身体强健，曾在中学毕业者，或有与中学程度相当者”通过考试入学，“以养成河海工程之测绘人才为宗旨”，并重申了河海工程专门学校的教育方针，强调工科学生要注重实践，毕业后“由全国水利局及本省巡按使指派服务三年”。

在张謇的号召下，各省纷纷设立测绘养成所，原来所设的各类“讲习所”也因之纷纷改名。如前文所述的江北水利工程讲习所改名为江苏河海工程测绘养成所，附属于筹浚江北运河工程局。到1919年，江苏河海工程测绘养成所本科、速成两班先后毕业学生共126人，大多进入运河工程局工作，成为骨干力量。

张謇创办河海工程专门学校和倡导河海工程测绘养成所的举措，对中国水利事业产生了深远的影响。

第四章　临危受命：督办江苏运河工程局

工程局成立及内部机构

在张謇致力于导淮治运的同时，一些地方士绅也在关注江淮地区的水利事业，并进行了积极的尝试。

1913年，韩国钧担任江苏巡按使，他认为从当时的情况来看，江北水利最为紧要的为大运河。他上任后，积极与地方士绅磋商，筹备运河治理。经过他们的共同努力，以及时任全国水利局总裁张謇的支持和帮助，筹浚江北运河工程局于1914年8月在扬州江都正式成立，隶属于全国水利局。筹浚江北运河工程局的成立，标志着江北运河治理有了专门的机构，迈出了实质性的第一步。

韩国钧

1917年11月25日，以研究、

小贴士：韩国钧

韩国钧（1857—1942），字紫石，1857年3月出生于江苏省海安镇（今江苏省海安市）一个商人家庭。民国北京政府时期，先后担任江苏巡按使、民政长和省长。抗战时期，他积极支持抗日，被誉为“抗日楷模”。韩国钧和张謇是至交，两人都是中国近代史上很有影响的人物，被并称为江海“两大名贤”。

规划全省水利事业为宗旨的江苏水利协会成立，韩国钧被推选为会长。此时，筹浚江北运河工程局的“筹浚”工作“已由工程预备时期渐进于工程实施时期”。在江苏水利协会的积极促进下，成立督办江苏运河工程局被推上议事日程。

1918年，民国北京政府国会推举徐世昌为大总统。此时，从江苏灌河口到清江浦（今江苏淮安市辖区），再到瓜洲（今江苏扬州邗江区瓜洲镇）的大运河沿线地区，年年闹灾，苏北士绅常常向民国北京政府诉苦，甚至有人为此直接到北京谒见徐世昌。于是，徐世昌决定成立督办江苏运河工程局，并专门派人到南通拜见张謇，试图聘请张謇再度出山，担任督办。

此时的张謇已是年近70岁的老者，既无心也无力担任这一职务，但考虑到“运河为江淮水利所关，施治系乡里民生之重”，还是决定出任。同时提出要求，主要包括两项：第一，同时任命韩国钧为会办；第二，政府保证负责筹集经费。徐世昌对张謇的要求满口答应。于是，1919年6月，张謇被委任为江苏运河工程局督办。1920年4月1日，督办江苏运河工程局在原筹浚江北运河

督办江苏运河工程局开局摄影（三排左起第七为张謇）

工程局旧址开局办事，张謇正式就职。

督办江苏运河工程局的内部管理机构主要由督办、会办、参赞及秘书组成。其具体任命方式及分工为：督办受大总统特任，综理全国事务并指挥监督所属职员。会办受大总统任命，会同督办行使职务。督办张謇和会办韩国钧考虑到自己“牵于地方实业各项事宜，势不能常川驻局”，因此在运河工程局章程中规定了“设有参赞一员”，参赞由督、会办呈请委任，常驻工程局执行局务。秘书受督、会办之委任，协助参赞处理保管印信、撰拟机要文件、保管机要文电卷宗、综核各科文稿、记录职员进退等日常事务。

从工程局首批管理人员的组成来看，督办张謇和会办韩国钧在水利方面都曾担任要职，长期主导过全国或地方水利建设，在行业内享有盛誉。参赞徐鼎康屡任地方民政要职，对民政事务较为熟悉，管理经验丰富。秘书人选则囊括了水利、国文、法律等专业人员，以及长期主管民政方面的官员。显然，对于管理人员，运河工程局进行了精挑细选，可谓精兵强将，群贤集聚。

此外，工程局下设四科，即总务、工程、稽核和会计科，负责具体工作。其中，总务科主要负责：撰拟及翻译文电、收发文电、保管档案、审核职员履历及委任、记录会议、核定购办及领用物品、筹款事宜以及不属于其他各科事项。工程科主要负责：规划河道工程、编制工程预算、购办及管理关于工程之器具、监督工程之实施、修缮堤防、考核工程测绘各员勤惰以及测绘事项。稽核科主要负责：审查预算，考核收支，汇造统计，依据工程财政上的学术经验向督办、会办、参赞提出建议。会计科主要负责：出纳款项、编造预算决算诸表册、登录簿记、造具月终计算书、保管公款。

同时，工程局在以上各科人员数量配备上也做了具体规定：各科置科长一人，科员、助理员各按事务繁简以定人员数。关于工程测量事项，酌设技正、技士，其人数亦按事务繁简定之。

从总体上来看，督办江苏运河工程局的机构设置呈现出精简实用、分工明确的显著特点，这既是主事者长期丰富治水经验的集中反映，也是经费紧张实情下的明智之举。

制订工程局分年计划

1920年4月1日，督办江苏运河工程局正式成立，原筹浚江北运河工程局同时结束。原筹浚江北运河工程局五年之内“经收各款共银元八十三万九千有奇，支出总数共银元五十八万六千有奇”，收支相抵，余“银元二十五万二千有奇，汇交督办局”。对于运河工程来说，这点经费显得十分局促，张謇鉴于“运河之利害出入，关系江淮各属之安危。运河之工程良否，关系江淮全工之进止”，而自己又年逾老迈，时间紧迫，暂定筹集300万元，分三年施工。

上任当日，张謇发表《运河工程局就职演说》，表明了自己矢志于大运河治理的决心，并希望各方精诚团结，共襄盛举。同时，鉴于大运河问题年深日久，治理工程规模巨大，经费又十分紧张等现实问题，张謇提出了“分年施治”的总体思路，并在就职当日宣布《江北运河分年施工计画书》。该文洋洋洒洒数万字，张謇从运河治理的重要性，以及“工程”“经费”“年限”等方面详细阐述了自己的见解。

总体上来看，张謇对运河工程确定了区分轻重缓急先后施治的原则，并在此基础上就施工的先后顺序进行了明确规划。

具体来说，张謇首先认识到中运河和里运河（也称“淮扬运河”）的情况大有不同，“中运自磘湾至刘老涧，河面过宽，水流散漫，每届冬春，河底积水不足半公尺，舟楫时形阻滞。里运河虽有淮水接济，而高邮、

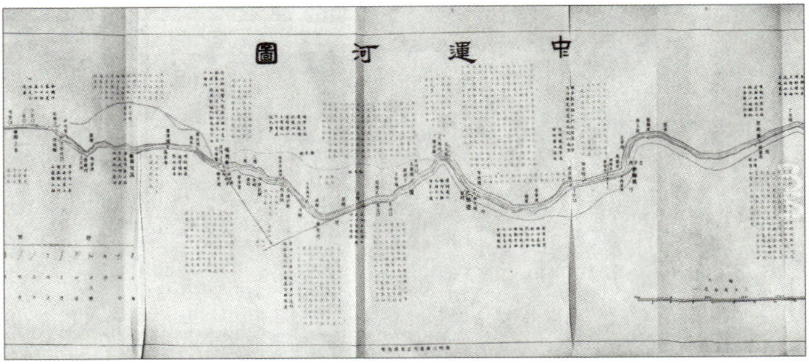

中运河图（督办江苏运河工程局制）

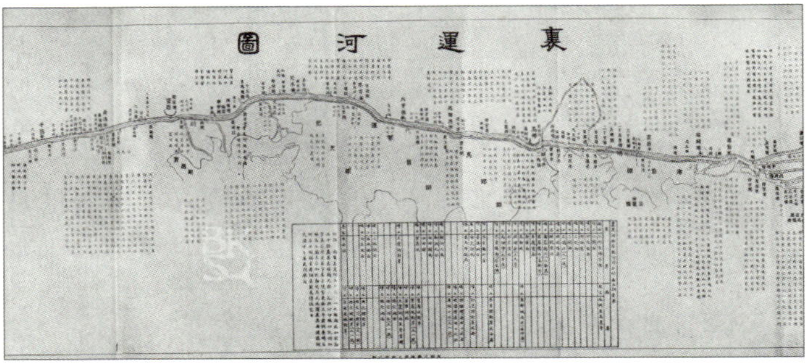

里运河图（督办江苏运河工程局制）

小贴士：滚水坝和活动坝

滚水坝是一种高度较低的拦水建筑物，主要作用为抬高上游水位、拦蓄泥沙。主要原理是将水位抬高到一定位置，当涨水时，多余的水可以自由溢出流向下游，看起来就像水从坝面滚过一样。同时还可以起到将泥沙阻拦在坝内，减少泥沙向下游排放的作用。水坝按坝体是否能活动，可分为固定坝和活动坝。活动坝为坝体可升降或移动，用以蓄水和泄洪的水利建筑，是水利科技的一项重大发明，至今仍在全世界范围被广泛应用。

宝应之间，河底既淤，水面又狭，船只拥挤，农田灌溉尤虞不给”，因而，他将“配平河底，坚固堤防”作为“切要之图”，同时整理坝闸，控制水量。

在工程开展的先后顺序上，张謇计划全部运河工程从下游次第展开，坝闸、土方自工程局成立之日起，在一年内开工，“约以三年为竣事之期”。其中，在坝闸方面，“第一年修筑三河闸一座，蝎虎、凤凰滚水坝二座。第二年改建新河滚水坝一座，归江活动坝一座。第三年修筑中运及里运坝闸涵洞，又续建归江活动坝一座”。在土方方面，计划以两年为期，“第一年疏浚里运，第二年疏浚中运”。

从张謇对运河工程的“分年计划”可以看出，他准备在三年内以“配平河底，坚固堤防”为首要目标，以坝闸和土方两项为工程主要内容，对中运河和里运河进行整体治理。他希望“此后由理论而入于工作，即以本计画为工作之方式”。同时，以“计画”为依据，检验工程实际进行成绩，“愿勿以三年之功，于六年收之也”。

然而，工程的实际开展远比设想的困难得多。根据实际情况，张謇在维持原有总体规划和原则的基础上，多次对计划进行了调整。据江苏运河工程局官方刊物《督办江苏运河工程局季刊》记载，自1920年上任至1925年辞职，张謇共公布了四次治运计划案。

运河工程局的主要活动

根据当时的资料记载，督办江苏运河工程局的主要活动如下：

第一，以节流开源为途径，从事资金管理。

对于大运河治理这样的庞大工程而言，是否有足够的经费保障，是决定工程能否顺利开展的首要前提之一。作为运河工程局总负责人的张謇，对于这一点十分清楚，因此他对经费一项最为注重。在1919年拟定的《江淮水利施工计画书》中，他就对运河工程所需的部分经费进行了估算：“估计运河土方、坝闸工程经费五百万元。”在《江北运河分年施工计画书》中，他再次强调“工程与年限之预计，在在与经费有密切之关系”，并进一步指出“功业之迟速，以经费为转移”。

如前文所说，从一开始，江苏运河工程局就面临着严重的经费困难问题。按张謇的说法，上任江苏运河局督办之初，他就已经摸清了“现在局内只存洋十余万元”的家底。虽然这一说法与《督办江苏运河工程局季刊》第一期中所说的“二十五万二千有奇”有较大差别，但无论哪一种说法，对于庞大的运河工程而言，都可谓杯水车薪。

对于经费一项，张謇的办法是节流开源，即节约开支和筹集经费相结合。

为了节约开支，他首先提出必须整顿工作上铺张浪费、贪污腐败的不良作风，一切经费收支都要做到公开透明，“万不能以地方人民之款，稍涉浮滥，为酬应人情之举”，“对于工程之布置、款项之收支，无事不可以告人”。其次，他对工作人员的报酬进行了说明，“列科长俸为二百四十元，实支五成”，即科长的薪水为240元，实际则支给一半，并提出自己和会办韩国钧“亦照中央特任俸支五成”，其余一半作为“补助各员之用”。第三，对如“提款”“验工”等事务，需要临时派人前往，则“照给旅费，平日不支薪金”。第四，为了节约测量经费，张謇决定从河海工程专门学校和测绘养成所中挑选人才，逐渐取代从国外高薪聘请技术人员的做法。张謇认为这些学生经过长期的专业学习和实践，完全可以胜任测量工作，只需安排有经验的人员稍加督促、指导即可，这样就可以节约不少经费开支。第五，推动江苏运河工程局的机构精简改革。民国十二年（1923），工程局裁并工程科与稽核科，“改设技术委员会工程处，分任规划及执行事宜”。这样的精简举措，使得“经费除抵拨增加之技术部分，原在治运经费内年支之四万元则完全省去”。为避免员工误解，张謇强调以上种种安排，“无非为节省经费起见”。此外，张謇甚至还提出了裁兵编入工程队，以及调拨军队支援修建运河的主张。在经费异常紧张的情况下，张謇不得已想尽办法压缩日常支出，以尽量为运河工程开展提供更多的资金。

当然，仅仅依靠压缩开支来维持运河工程局的日常运作是难以为继的，更何况水利工程耗资巨大，也不是仅仅依靠压缩开支可以解决的。张謇深知“骤然开工，则后款不继，他日必因待款而停工”。筹集资金，成了运河工程局必须解决的首要问题。在就任江苏运河工程局督办前，张謇虽对徐世昌提出由政府保证经费筹集的要求，但多年社会实践的经历，已使他“不觉将依赖政府之心逐渐消灭”，而将希望寄托在志同道合者的资助上，自己“对于筹款一项，且尽力谋之”。同时他也表明，如果“谋之”而最终“无济”，即“力穷则退”，但“不穷”则绝不退出。为了筹集经费，张謇可谓想尽了办法。概括来看，主要包括以下两个途径：

其一，“用诸地方者，仍取诸地方”。即就地筹款，督办江苏运河工程局的治运经费主要来自苏北沿运河各县的亩捐、货厘。就亩捐一项而言，张謇以南通的水利经费为例。兴办水利对促进地方经济的发展具有重要的作用，通海地区经济的发展，正是因为水利得到了较好的修缮。经济的发展，改善了民生境况，就有助于提高百姓对于水利与自身利益关系的认识，从而积极配合，反哺水利，形成良性循环。在张謇看来，沿用这种方法，倘若每亩仅征收二分亩捐，那么对于江北运河所覆盖的淮扬地区而言，已经足以收到相当可观的经费了。就货厘来说，原筹浚江北运河工程局就曾议定向淮扬各县盐商征收附加税，每斤盐加收一文，每年可得两万元。然而，盐商认为是否修浚运河与自己关系不大，拒绝交款，经过反复磋商，才勉强同意每年自认捐助一万元，期限三年。

事实上，时局的动荡不安，加之自然灾害频繁发生，对亩捐和货厘的收取造成了不小的影响。如1921年秋，江淮地区发生重大水灾，亩捐和货厘大为减少。1922年，又爆发直奉战争，1924年江浙战争继之而起，造成政府财政更为拮据，督办江苏运河工程局的财政收入也因之受到了影响。

其二，积极寻求其他商人阶层的援助。张謇认为既然农民与货商分别承担了亩捐和货厘，那么江淮一带各小轮商人群体，他们常年往来于运河之上，提供货运服务，运河治理与他们的生计息息相关，理应也承担起一部分治运经费。经过协商争取，运河工程局获得了如招

小贴士：亩捐和货厘

亩捐是清代后期，由于政府财政拮据而在征收田赋之外，另行加征的一种附加税；货厘又称厘捐，是指政府在水陆交通要道设立关卡，对通过货物征收的一种捐税。

商内河轮船公司等小轮商人的部分资助。

此外，为了最大可能地扩大经费来源，张謇还提出“但求行之有济，不必以方式限人”的筹款原则，即只要愿意襄助运河治理工程，无论多少，不管以什么方式，运河工程局都乐于接受，并大加鼓励。在《运河工程局就职演说》中，张謇饱含深情地说：“故筹款之责任，走与韩先生共负之，而筹款之成绩，乃在诸君子赞襄之。”

总的来说，在经费问题上，尽管张謇等人想尽办法，但在真正实施中却并不尽如人意，遇到了许多困难。而且大运河治理耗资巨大，经费始终不足以应付。从相关资料记载来看，在担任江苏运河工程局督办的五年里，张謇始终在为了筹集经费而四处奔走。

第二，以修旧改建为主旨，实施工程施工。

张謇上任江苏运河工程局督办后，积极听取地方士绅意见，制订治理运河的具体计划。他结合以往导淮治运积累的经验，以及运河工程局的实际情况，提出：运盐河，以及清江浦至瓜洲的运河，凡是河床淤浅、坝闸损坏之处，均须详细测量、检查，一概加以疏浚、修补。同时，运河以外的各河道及闸坝也应详细检查、测量，如发现有妨碍运河、运盐河水道之处，也应一并疏浚、修补。

张謇正式就任江苏运河工程局督办当日，宣布《江北运河分年施工计画书》。对于其中最为关键的“工

机船起泥

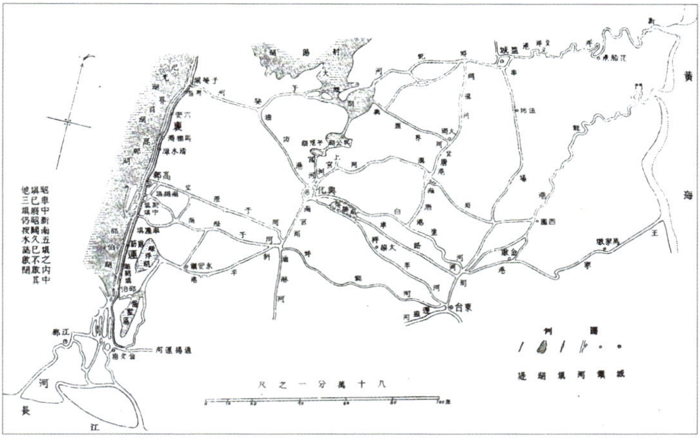

里运河归海五坝总图（督办江苏运河工程局制）

程”一项，他结合当时主要的治运主张，指出江北运河“为江北良好之交通孔道，且为淮安、宝应、高邮滨河各县灌溉所需，运治则交通、灌溉两得其利”。出于这种认识，张謇提出“水利工程不外土方与坝闸两种，而分年施治，应以坝闸为本，土方附之”的设想，即治运工程以修建坝闸为重心。因为在张謇看来，土方工程即便完全施治，也只能照顾到现有的河身，对于排泄的益处极为有限。而相比之下，坝闸工程则为“操纵水量之利器”，“其作用在蓄泄，其利益在交通”，显得更为重要。

在此基础上，张謇进一步指出，对于坝闸的修建应

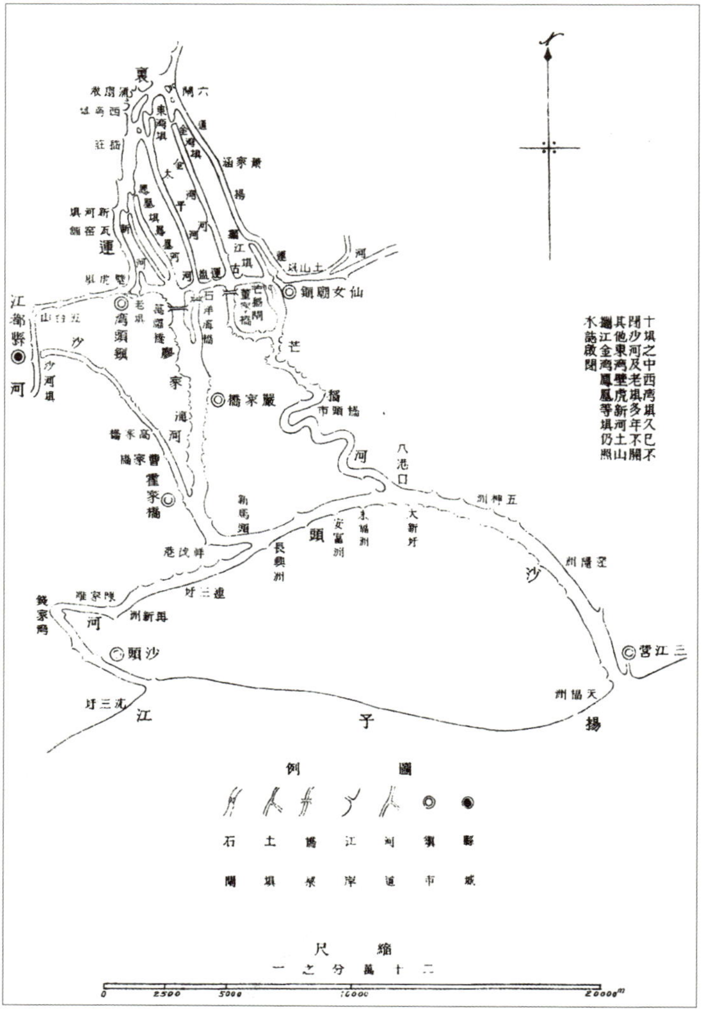

里运河归江十坝总图（督办江苏运河工程局制）

结合实际，加以区分，主要分为“修旧”和“改建”两类，并一一列举了中运河和里运河需要重点“修旧”和“改建”的闸坝。其中，中运河“修旧”又按重要程度分为“择要修理”和“先行修复”等，里运河则是“修旧”的重心，“淮阴、邵伯之间，运河东岸，除下五坝外，计闸洞五十座，各加整顿，并改良闸门。西岸闸洞十七座，与东岸同样修理”。“改建”的重点在于“加砌石工”，起到巩固闸坝的作用。此外，于关键之处再适当“添建”新的闸坝。

第三，以科学技术为引领，开展勘察测量。

自1874年随同孙云锦到淮安处理渔滨村陈年积案期间，张謇开始关注水利，到提出治理黄河的见解，再到倡导淮河治理，直至督办江苏运河工程局，张謇关注水利长达40余年。纵观其一生水利事业，始终注重并倡导勘察测量是其中最为显著的特征之一，也是其水利事业中成绩最为突出之处。

张謇对勘察测量的重视源于他对中国水利治理史的深刻认识。首先，他认为中国古代治水在制图上存在较大的缺陷。在阅读了大量水利相关古籍的基础上，他指出：“中国地理但有平面开方图，而无水准高下图，河淮地势之高下若干，言治水者，亦只凭流向之目验以为准，自较仪器测量者精粗有别。”这样的缺陷，是造成中国长期以来治水效率低下的重要原因。其次，张謇认为中国古图不仅不多，而且保存不善，大量散失，留存下来的古书大多以文字为主，即“中国河、淮之历史年代既长，地理之更变亦极复杂，古图散失，无从取证，古书则多至千百卷”，不利于治理之人全面了解，从而科学制定治理策略。基于此，张謇对于施工中的勘察测量极为重视，多次提到准确测量的重要性，认为“计画之依据全在测量”。

张謇对勘察测量有着较为系统的认识，仅以其对大运河勘察测量的认识为例。首先，他认为“治水最重要的第一步是测量，有了图然后才能明白实地流量流速的形势，才能有精密规划工程的根据”。其次，他认为勘察测量的范围不能局限于绘制一些平面图、断面图，更为重要的测量对象是多年来江北运河的流量与雨量的数据。在督办江苏运河工程局成立之前，张謇督办的江淮水利局就已经把中运河、里运河流域内的各条河流的平面图、断面图绘制完成。自民国二年（1913）后，江淮水利局便开始持续测量该流域内的流量与雨量数据，至

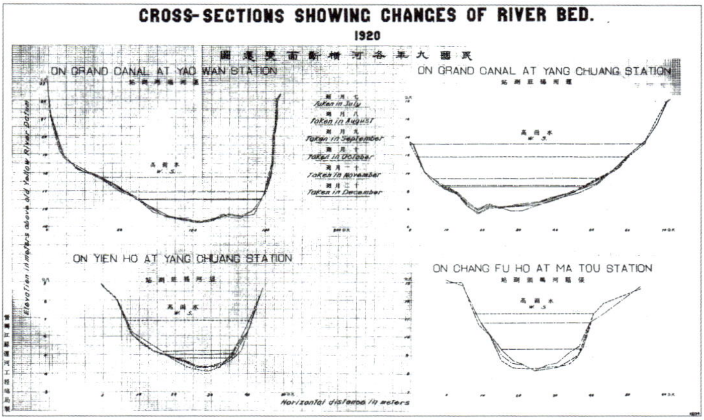

运河横断面变迁图（督办江苏运河工程局制）

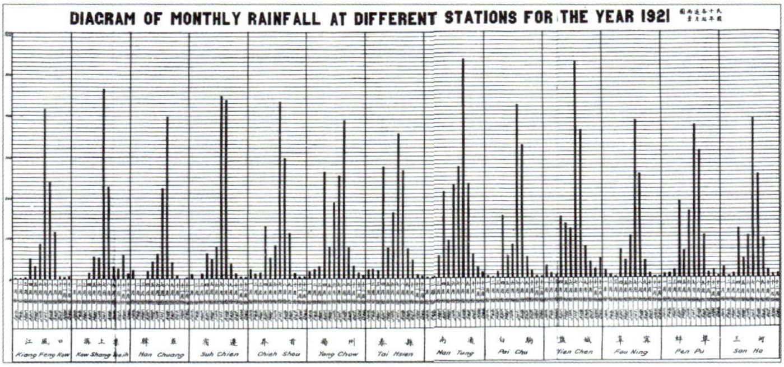

民国十年（1921）各站逐月雨量图

1920年江苏运河工程局成立时已测量了七年，整理出大量的数据资料，这些资料为张謇制订施工计划打下了坚实的基础，被张謇称为“皆足为本计画良好之资料”。第三，张謇还明确了勘察测量的原则，即讲究实际、不得虚假。他提出：“计事必求实际，水利工程更不能以向壁虚造出之。”

为保证勘测工作的专业性和精准性，张謇还在江苏运河工程局下设了工程科，由工程局秘书沈秉璜兼任工程科科长。沈秉璜毕业于通州师范学校土木测绘专科，此前曾担任江淮水利工程局局长。除1名科长外，工程科还设技正4人、科员2人、技士3人、测绘员18人、助理员3人，所有工作人员均毕业于水利工程相关的工科专业，具有一定的水利施工经验。由此足见张謇对勘察测量工作的重视程度。

由于张謇的一贯重视，勘察测量工作取得了显著的效果，为江苏运河工程局的工程开展提供了科学的依据。据张孝若回忆，其父着手办理测量，“虽然经过很多的困难，可是用掉极少的经费，测成了淮、沂、泗各水全部实测的图表。曾经有二次，英美工程师到实地去勘视，后来又查阅图表，都认为十分完备精确”。

第四，以畅通信息为目的，发行运河工程局季刊。

为了沟通信息，增进社会各界对督办江苏运河工程局的了解，同时便于听取各方意见，工程局成立后不久即开始组织人力编辑发行《督办江苏运河工程局季刊》。当年

6月，《季刊》第一期面世，成为工程局对外交流的重要平台。

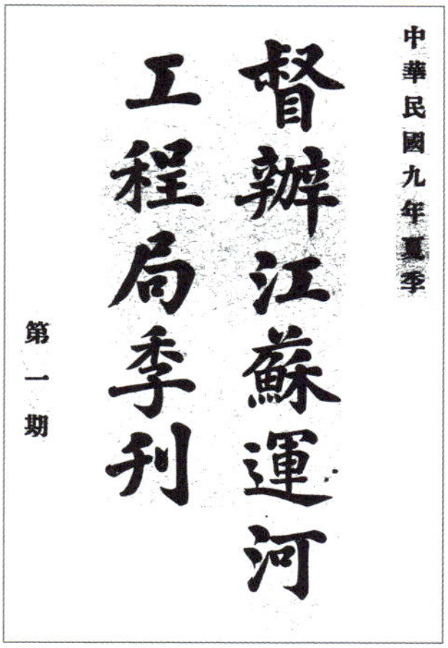

《督办江苏运河工程局季刊》第一期书影

从1920年6月到1926年，《季刊》共发行29期。从《季刊》发行的整体情况来看，大致可分为两个阶段：第一个阶段从1920年到1924年，《季刊》按季度一年发行4期。第二个阶段为1925年到1926年。1925年，张謇辞去督办职务，对《季刊》的编印出版也产生了较大影响，主要表现在改用合期方式。具体来说，自1925年开始，《季刊》第二十和二十一期、第二十二至二十五期、第二十六至二十九期均采用合期方式。这种变化一方面反映出张謇在任期间对《季刊》编印工作的重视和当时江苏运河工程局工作的井然有序，另一方面也反映出1925年后江苏运河工程局日益衰微的实际境况。

从《季刊》的内容来看，一个显著的特点是每期的内容都根据实际需要而调整变动。具体表现在：有些栏目，如“图片”“治运计划”“文牍选载”“附录”等保持相对固定。同时，又根据实际情况有所调整，如将“图片”一项调整为“图表”等。从第一期目录来看，分为“图片”“绪言”“开局记载”“治运计划（督办近著）”“文牍选载”“附录”六个栏目。其中，“绪言”和“开局记载”显而易见是因为江苏运河工程局初创，以及《季刊》初办而特设。

在常设栏目中，“图片”主要刊载运河工程局机构管理人员、工程师、工程现场照片，参观国外水利工程照片，以及工程图纸等；“治运计划”主要刊载国内外各式人物的水利治理言论；“文牍选载”主要刊载运河工程局相关文件，主要涉及“经费”“工程”，以及工程局业务开展过程中的“收发文”“往来文牍”等；“附录”则主要刊载各类“笔记”、水利事务年表，以及相关人士的“治水事迹”“意见书”“呈文”等。

随着江苏运河工程局工作的开展，《季刊》内容根据实际情况有所增设。具体来说，从第七期开始，《季刊》增设“调查报告”一栏，不定期专门刊载运河治理中的实地调查情况。第八期开始，又增设“评议会记载”专栏，对运河工程局历届“评议会”情况进行专题报道。第九期增设“章则”一栏，对外公开相关工程“约章”和规则等。同时，在“附录”中开始刊载运河工程局相关人员国外考察“报告书”，如《技正沈宝鎏参观美国水利工程报告书》等。

第五章　高邮风波：险恶形势下的明智决策

1921年的江北大水灾

1921年，也就是张謇督办江苏运河工程局的第二年，淮河流域持续降雨，自6月至9月，连绵不断。有关文献资料中“大雨数月”的记载很普遍，其中四次集中降雨过程，每次降雨都在10天以上。7月份降雨量最大，比常年高出1.5—3.1倍，淮河流域因此发生严重洪涝灾害。沿河地区房舍坍塌，人畜溺死，财物漂流，哀鸿遍野，惨不忍睹。

淮河和大运河同时大涨，造成150多千米的里运河东堤，漏水的地方就达到1300余处，堤身滑坡也达到了80余处，滑坡最长段则达到400多米，在大风大雨下显得险象环生。

为了应对水灾，自1921年7月开始，政府在数天内接连开放了车逻坝、新坝、南关坝三处归海坝。从方位上

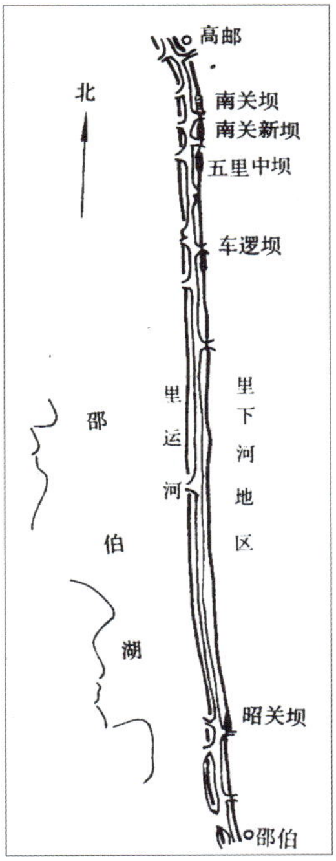

里运河归海五坝方位示意图

看，归海坝距离海口100多千米，且下游可用于疏导洪水入海的河道也由于长期得不到疏通而淤塞不畅。因此，所谓的归海坝主要功能在于发生洪水时开坝放水，保障运河堤岸的安全，以及漕运的畅通。而开坝放水后，倾泻而下的洪水找不到出路，大部分滞留于里下河地区。里下河地区地势低平，犹如一个锅底。因此不难想象，一旦开放归海坝，洪水奔腾下泄，里下河地区会是一种什么样的境况。清康熙时的吏部尚书伊桑阿就曾在奏章中写道：每逢开放归海坝，里下河地区一片汪洋，民田庐舍俱遭淹没。真可谓“一夜飞符开五坝，朝来屋上已牵船”，即一旦接到命令开放归海五坝，第二天一大早里下河地区的房屋就都泡在水里了，有的房顶上都可以行船。

车逻坝、新坝、南关坝三处归海坝相继开放后，泄水流量达到每秒钟4000余立方尺（一尺约等于0.33米），

小贴士：归海五坝

自南宋发生黄河夺淮后，由于黄强淮弱，淮水被顶托倒灌，在里运河西部洼地逐渐积聚而成高宝湖，给运河的安全造成了威胁。为了保证漕运的畅通，明代在运河堤岸上设置了数十座减水闸，以便在湖、河水位盛涨时通过这些减水闸宣泄归海，因此这些减水闸被人们称为“归海坝”。此后，经过明清两朝的改建，至清乾隆年间，最终形成“归海五坝”，即南关坝、新坝、中坝、车逻坝、昭关坝。

洪水倾泻而下，里下河地区顿成一片泽国，受淹面积约计14462平方千米，几乎占到该地区全部面积的68%，一眼望去，看不到尽头。8月，情况变得更为严重，张謇在《啬翁自订年谱》中说：“连大风雨五日，江淮并大涨，运河堤工日夜告警。”其子张孝若在1930年所著《南通张季直先生传记》中这样描述当时的危急情形：“接连几天的大风雨，江淮同时大涨，运河的堤坝都岌岌可危，差不多天天有告急的电报。”

对于这次淮河灾情，张謇在致江苏省省长王瑚的函

啓放南關壩過水時形勢圖

甲 壩脊

乙 南壩牆

丙 運水

丁 引河南高灘莊村被淹形勢

戊 壩下波濤

（附註）此壩口寬六十六丈壩脊禦玉馬頭誌椿水七尺五寸牆高壩脊一丈五寸當民國十年八月二十五日啓放時玉馬頭誌水一丈七尺七寸壩脊過水深八尺餘上下水頭相差九尺餘波濤高二丈餘聲聞十里以外

启放南关坝过水时形势图（《督办江苏运河工程局季刊》）

电中连用两个“百年所未有”来形容这场洪灾的严重程度：“本年自五月连至六、七、八四月，雨量失常，为百年所未有。江、淮、沂、泗、汝、睢诸河同时盛涨，海潮同时大长，亦百年所未有。”据张謇所了解的情况，当年水灾导致受淹农田面积达数百万亩，农民生计近乎濒绝，“盐、兴、东、泰、高、宝、江七县尤甚”。

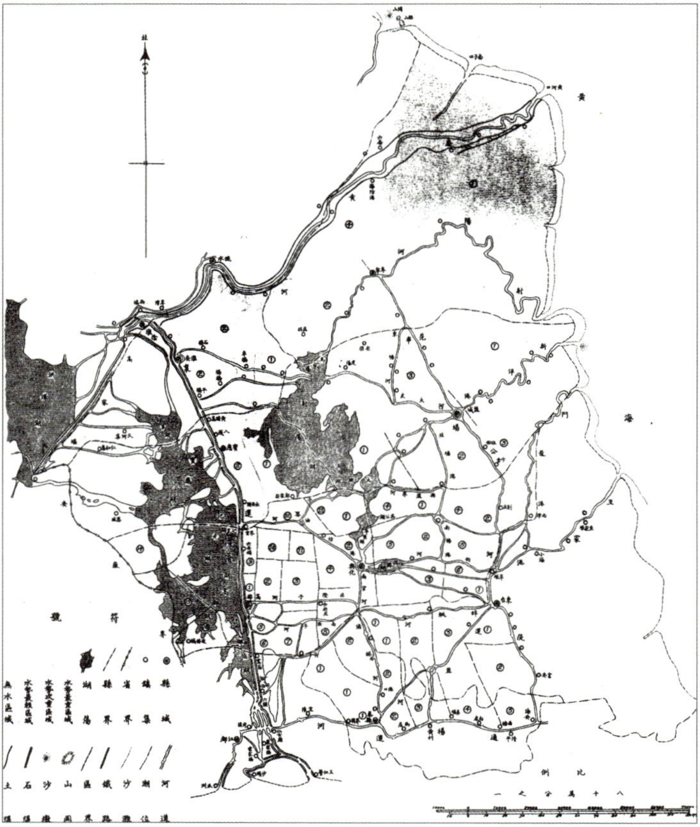

下河各县灾区略图（督办江苏运河工程局制）

启坝放水的艰难决策

面对日益严重的灾情，高邮、宝应两地民众发电报给江苏运河工程局督办张謇，请求继续开放昭关坝。但此坝一开，重新筑坝很不容易，上游水势收留不住，搞不好会造成来年水枯；而下游本来已经排泄不及，再来新水，受灾势必更为严重，因此下游地区四五千人守在坝上护卫，决心以死抗争。开与不开，一时相争不下。面对双方争执，张謇并未直接给出回复，而是坚持事必躬亲，他说："将欲权其利害之轻重，范围之大小，形

1921 年高邮一带被淹情形摄影

势之缓急，非躬亲目睹不可。”情况万分紧急，张謇立即偕同江苏运河工程局会办韩国钧和道尹胡翔林等人同往现场勘察。

张謇一行抵达高邮，沿途要求开坝者将他们团团围住，威胁谩骂，甚至差点动手。张謇在《啬翁自订年谱》中描述了当时的情形：“既入高邮，则沿堤要求开坝者殆万人，至承天寺，则人围寺数匝，有王鸿藻者，嗾人诘责，分起迭进，势非得请不已。”刚进高邮，沿着运河堤岸一路走来，要求开坝的人密密麻麻围聚在一起，看起来差不多有上万人，到了承天寺，一路跟来的和闻讯赶来的群众人数很多，把寺庙都围了好多圈，极力要求继续开放昭关坝，大有请求不获批准就绝不撤离的势头。面对此种情形，张謇重申自己的主张，开与不开要等巡视八县整体情况，权衡轻重缓急，再做决定。尽管高邮当地百姓“威胁无礼已甚”，但张謇始终坚持自己的看法，场面相持不下，张謇一行人也因此遭到围困长达6个小时。

脱困后，张謇等人继续沿宝应、邵伯、兴化、东台、海安等地一路查看。经过实地查勘，张謇认为江都、泰县、兴化、东台等地的水灾已经达到了十分危急的程度，“始江都河东而兴而东而泰而盐，纵横数万方里，浩瀚若巨浸，无大片干土……论形势，宝应险象较平，高邮尚未出险”。对于此次实地勘察的结果，张孝若在《南通张季直先生传记》中更为细致生动地描述道：“哪晓得到下河一看，那二三县已经水深五六尺，人民差不多全浸在水里边，汪洋一片，只看见水光上漂泊着人家的屋顶和烟囱，假使要拿昭关坝一开，再加上了六七尺水，岂不是连屋顶什么东西都要埋在水里去么？天下决没有这种惨无人道的办法。”经过实地视察，张謇最终做出了“昭关坝必不可开”的决定，并向省长做了报告。

一年后的“无穷感慨”

事实证明，张謇的这一决定是十分正确的。1921年9月10日前后，水势终于降下去了。但每每谈及此次水灾中所遇到的种种刁难，张謇还是气愤难平。同年9月下旬，张謇在给鲍执之的函电中表达了自己的强烈不满：“二十二日万寿寺会议，原欲闻双方如何共济屯艰之法，乃徒闻交恶哄詈之声。在邮则威逼侮谩，群施诸不闻不见之僧，更不必论。是所谓会议状况，领教已多。实则紫石（即韩国钧）虽泰人，深知公理不可杂私意，走与昭关开否利害更无关系，绝无所用其偏徇。而邮人不待往勘，汹汹胁迫，势若风狂，宁可理喻。”

1922年，适逢大旱，别处只能种黄豆、玉米、高粱等耐旱作物，高邮、邵伯与淮、扬一带，因宿水未枯，照样栽种水稻，而且长势良好。到了秋天，据张謇对高邮、宝应、江都、兴化、东台、盐城、泰县七县的调查，“报告岁收之大熟”。

在1922年所写的《运河工程感言》中，张謇开篇就说到自己得知丰收的报告时，“不禁有无当之希望、无穷之感慨焉”。并进一步解释道，得知丰收的报告，他“不胜喜慰”，即又喜悦，又深感安慰。喜的是遭遇大灾后，终于再获丰收，民生艰难得以缓解；深感安慰的是自己去年做出了正确的抉择，终不负自己，不负期望，取得了实实在在的成绩。但想起灾情期间自己面对的种种不被理解，甚至是嘲弄，尤其是在高邮被围困的事件，张謇又不免五味杂陈，心生无穷感慨。

在《运河工程感言》一文中，张謇回忆了自己在这次水灾治理中的境遇，仍感到惊魂未定：“祸悬眉睫之时，高、宝之议员争开昭关坝，高、宝城居之寓公、土著，争开昭关坝，省长可可否否，而委责于督、会办。”在灾难面前，各色人等苛责取闹，推诿扯皮，既让张謇“大开眼界”，又令其大失所望。

回想当初，如果迫于威胁，开启昭关坝，“七县死丧人命之数当有几何？沉没庐舍、器物之数当有几何？清道光二十八年，开昭关坝，历四年而后堵，用银三百三十余万两，彼时国家财力视今如何？今如竟开，亦竟如道光朝四年堵塞，试问此多死之人，多丧之庐舍、器物，于何取偿？又试问此八千六百二十三万二千八百余元今年之收获，于何梦想？更试问累四年之八千六百二十三万二千八百余元，为数殆当三万四千四五百万。噫嘻！七县农民有一二觉悟者乎？七县士绅有一二觉悟者乎？”一个个直击人心的“试问”，以及一个语重心长的“噫嘻”，充分反映出张謇内心的感慨万千。

有意思的是，在张謇还在为上一年的运河救灾心存余悸、感慨万千之际，淮、扬两府各县耆老会商，正准备集资制作“万民伞”送往南通，以感念张謇力挽危局、正确抉择的功劳，张謇闻讯，严词制止。

第六章　治标急策：王家港疏浚工程开工

大灾后倡开王家港

面对1921年的江北大水灾，张謇沉着稳健。在是否继续开放昭关坝的问题上，他不急于做出决定，而是坚持实地考察，通盘考虑，最终做出了“昭关坝必不可开”的决定。同时他发现，为应对水灾，政府接连开放车逻坝、新坝、南关坝，“每开一坝，水势奔腾下注”，而“奔腾下注之水，向所恃出海较大之路者，自北而南射阳、新洋、斗龙、王家港四口”。即每开放一个水坝，洪水就从开口之处奔涌而下，水势很大，从水坝开放口，一路奔流入海，非大型水道不能容纳，自北向南有射阳、新洋、斗龙、王家港四条港道，成为主要的洪水排泄通道。

根据张謇的考察，在以上“四口”中，“射阳今尚大而深，泄易”，尚不为虑。其他三条港道中，新洋港专泄盐城之水，斗龙港则兼泄盐城、兴化之水，都淤积不畅；而“东台之王家港为泄水要道”，兼泄兴化、东台、泰县之水，但“淤塞已久”。张謇在兴化、东台时，曾与当地士绅商讨“救急之策”，都建议开王家港。经过综合考虑，张謇“按之局图，审之水势”，做出了“诚非先开王家港不可”的决定。需要注意的是，张謇说的是“先开”王家港，并不是不开新洋港和斗龙港。只是相比后两条港道来说，王家港具有“偏南，较直而近”“路线短，倾斜急”等特点，加之“目前通流泄泻之力尚在王家港上，故治标急策，惟有先开王家港”。

1921年9月，水势渐渐消退，江苏运河工程局开始

小贴士：王家港

王家港，今称王港河。此河原系天然港道，据明嘉靖《两淮盐法志》记载：该河发于弯河（即串场河），东流于北胜团港，折而东南流于大庆港，到达钩蛏港而入于海。历史上，王家港是水上运输的重要通道，同时也是泄水要道，明清时期曾多次疏浚。从晚清到民国初年，由于政局动荡，王家港长期失修，逐渐淤塞。

对洪灾中相继开放的车逻坝、新坝、南关坝三坝进行堵口、修复。但是，受开放三坝泄水归海的影响，泰兴、东台、兴化等地仍积水不退。9月下旬，张謇在写给鲍执之的函电中提出“视地高下深四五六尺不等，无法消疏，虑害今年种稻时期”，于是“四面设法筹款，开百余年淤塞之王家港”，期待先解决积水入海的问题。同时告知自己已经下定决心疏浚王家港，并已经开始为疏浚王家港河道开展前期准备工作。

通盘筹划保障实施

在工程开展之前进行周密调查、勘测，是张謇在水利治理上的一个显著特征。在下定决心疏浚王家港之后，张謇对王家港的实际状况进行了仔细的调查研究，找出了王家港淤塞不畅的根本原因。

经过调查，张謇认为：王家港“上下游无甚区别，河底真高均在零点（即海平面）相近。自马家湾以上，河底极平，微有东高西下之势，马家湾以下则河底忽高四五尺不等。上游既平，下游反高，安得不淤不塞？而三坝倾下之水泄出无路，注入无穷，兴、盐、东、泰四县安得而不沦为泽国？又安得而不上泛于江都、宝应之东乡，使茫茫八万方里之地俱沉浸于大泽中也？”也就是说，王家港河道在马家湾以下河底变高，高出上游四五尺不等，导致水流至马家湾以下河道遇到阻力，这是造成行水不畅以至于河道淤塞的症结。

找到了王家港淤塞不通的症结，张謇便开始制订具体的施工计划。按张謇的计划，1921年9月为“测绘估工之期”，10月为“筹集工款之期”，11月开始施工，至1922年3月竣工，施工期5个月。“港须治者七十里，分上中下三段，而先从下段入手。”

同时，张謇还制定了近期和远期两个方案。远期方案比较庞大，拟疏浚王家港河道至宽二十丈（一丈约为3.33米）。但是，张謇自己也认识到“若即辟二十丈之港，非独需款过大，需时亦久，不足以应急”，也不符合当前实际，“故拟先于居中，迅辟面广六丈、底广二丈、四尺深”，张謇预计如此至少可排车逻坝来水二十分之一，同时或许可以借洪水倾泻而下的冲击力，再刷宽二三四丈。张謇坚信：“俟水力冲刷，宽深必增，然后再用河面宽二十丈，深一丈五尺之计画。”同时，“通盘整理，则经费可望节省四分之一”。

经费困窘四处化缘

清末民初，时局动荡，经济衰疲不振，国家财力捉襟见肘，这也是导致水利兴修始终未有实质性进展的根本原因。张謇从事水利事业前后40余年，总是难以取得实效，经费极度紧张，同样是一直困扰他的一个棘手问题。

为此，张謇想尽了办法，甚至尝试过向外国借款。1914年，他利用担任民国北京政府农商总长，兼全国水利局总裁的身份，曾与美国红十字会达成借款草约，但不久第一次世界大战爆发，未能实现。据张孝若回忆：“我父呈准政府和美公使芮恩施博士经过不少的接洽交涉，我父对于磋商条件的立场，完全根据保障主权、维系人民利益的范围，丝毫不能迁就。到民国三年正月，方签订了草约。后来因政局变动，我父也下野，无从继续进行。”

面对1921年发生的重大水灾，张謇不顾个人安危，连续七天，一路视察了扬州、高邮、宝应、兴化、东台、泰县等地的灾情，做出了修建王家港的决定。他认为，倘若当年十一月中旬能够动工，以工代赈，到第二年四五月的时候，当时为应对洪灾开放的三个坝口就可以堵上，水淹较为严重的兴化、东台、泰县三县也可逐渐将水排尽，恢复农业生产。

据张謇估算，工费一项需要24万元，另外，中下段之间建九孔大闸，又须二十四五万元。但由于洪灾的巨大破坏，地方经济受到极大冲击，经费筹集遇到了严重困难。

为节省用度，筹集经费，张謇拟订了九条应对办法：第一，“拟请省拨工赈款每县一万元，运河局拨一万元”；第二，“请垦务局拨河堤经费三四万元”；第三，由盐务部门分年捐助两三万元（兴修水利有利于盐的运输销售）；第四，“三县田亩于治运经费带征外按本岁被水田亩数，自十二年起每亩加带征银一角至二角五”（带征银即对农田征收的附加税）；第五，“三县绅富各以地方利害、个人之良心关系捐助若干”；第六，相关“各县之盐垦公司已垦之地照熟田按亩任费，港道经过所用地概作捐助”；第七，港道经过之地，由各业主捐助；第八，“如有一村一镇农民结合愿尽义务，不领工资者，工竣核数报县请奖”；第九，王家港工程所涉三县民夫，补贴食宿，不给工资。其中，加带亩捐和盐商之捐，“须先议定立案，一时诚无现款，而可以定案由省署担保向中国各银行商借，分年归还”。

对于以上办法，张謇言明实在是不得已，“不如此不足以赴极短时期之工也”。从中，我们可以看出当时经费的紧张程度，感受到张謇忧心忡忡的心境。

想要获得实实在在的资金收入，仅仅提出书面的办法，自然是难以奏效的。张謇对此也非常清楚，从留存至今的相关资料来看，为了筹集经费，张謇四处奔走游说，亲自向盐商、运商、华洋义赈会等商人群体和慈善机构写信求助，以获得他们的资助。

历经艰难取得实效

根据张謇在《王家港治理开工启》中所说，工程于1921年12月16日开工，分为下、中、上三段，下段“自骆恺志上溯至马墩”，中段“自马墩至三环”，上段则“三环迤上至万盈墩”。

在开工典礼上，张謇做了慷慨激昂的演说，他首先阐明了王家港治理工程的重要性，明确指出疏浚王家港的目的在于“以广归海之路”，并提出希望：“愿我淮南北二十余县人民发启救之心，奋自助之力，成自治之事，举向来一切希望他救他助之念，一刀两断。”这句

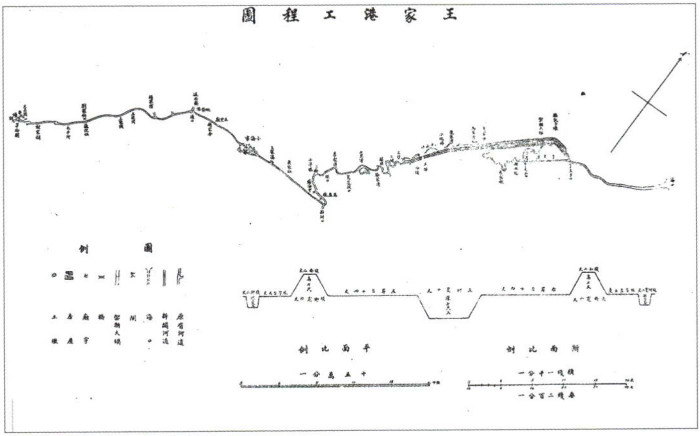

王家港工程图（督办江苏运河工程局制）

话也反映出张謇自己坚定不移的决心。

王家港工程开工后的几天内，连日阴雨，又值隆冬时节，天气十分寒冷。即使是在这样的环境下，张謇还是坚持每天乘坐牛车去工地视察。张謇的这一举动，使民众深受感动，越来越多的人自发加入到了王家港治理工程中来。据统计，几天之内民工由2000多人猛增至5000余人，使得原本空旷的海边都变得十分拥挤了。一下子涌进这么多人，张謇首先担心的就是民工的生活情况如何、工地的秩序是否正常等问题。为此，他亲自到各工段走访，询问民工的安置情况，以保障工程平稳有序地正常进行。

当然，在工程进行的过程中也难免会触及个别人的利益。虽然张謇“从未受乡里一分雇钱”，为造福一方百姓倾尽全力，但仍“多次被无知小儿侮慢”。即便如此，张謇仍不为所动，继续为自己的梦想坚持不懈。就这样，一个已近70岁的老人，不顾个人安危，坚持亲自到工地视察，连续八天从不间断。这样的精神不但鼓舞了参与工程的民工，也让今天的我们不免为之动容。

事实证明，张謇先治王港河的卓越见识和身先表率的作风，得到了多数人的支持。1922年3月底，王家港下段工程竣工。1922年秋，张謇在《运河工程感言》中说道：“开百余年淤塞之王家港，助新洋、斗龙之泄泻，限本年二月竣工。因雨、因待款，卒以三月港通。”说的就是王家港下段工程完工。

张謇在工地视察（右起第七居中者为张謇）

又据张謇在《答下河九县来书人启》一文中所说下段和中段“共用银华洋义赈会八万元、泰属垦务局河堤费四万元、省拨工赈款三万元、济南盐商一万元、运河局垫拨一万元，合计十七万元”，可知到1922年5月，王家港工程的下段和中段已经完工。

当工程进行至上段时，“剩余之工不足四分之一，因省厅预筹十二年起加增下河九县二分亩捐七万元不济，地方人士亦无法垫助”，而筹集下、中段17万元，张謇“亦已力竭声嘶，不得已，暂至三环结束告一段落”。

虽然上段工程由于经费不足而暂停，但下、中段工程总算是得以完工，让为了筹集经费“力竭声嘶”的张謇感到了些许欣慰。同时，他也为上段未能如期进行，以及“闸不及建，暂以土方代之”的隐患而感到深深的忧虑，只能寄希望于局势安定下来，“仍望赓续进取，以竟全功，并望广王港治法，直抵车逻”。这里所说的“车逻”，即前文所述运河东堤上的车逻坝（遗址位于今江苏高邮市境内）。

事实上，到了1922年4月，张謇已经由于经费短缺问题感到力不从心，身心俱疲，提交了《辞运河督办呈》，其中谈到“今前开之车、南、新三坝已堵”、王家港工程“工过大半”，“目前亦无可为”，自己“去志已决，势无留理”。这次辞呈虽未获批准，张謇只能继续勉力为之，但他的辞职之心却是越来越坚决。到1923年，张謇第五次提出辞呈，但直至1925年才最终获得批准。王家港工程成为张謇治理大运河乃至其水利生涯的一个转折点。王家港工程之后，“实业艰困，事如乱丝”，加以“精力渐退，自顾已虞不给”，张謇再无精力投身大运河及水利事业。

值得欣慰的是，新中国成立后，王家港再度受到重视，得到了彻底治理。现如今，王家港仍发挥着灌溉、航运和排涝的重要作用。而今天繁荣的国家一类开放口岸大丰港，也是在王家港下游入海口所建。

第七章　另辟新途：新运河工程计划出台

范公堤内的串场河

早在1915年张謇任全国水利局总裁时，“规画黄河、扬子江、珠江、松花江、辽河，外及于淮、扬、通南北串场河”。此“规画”不久因袁世凯复辟帝制，张謇引退而中辍。

1919年6月，张謇被委任为江苏运河工程局督办。1920年2月，他“勘运河至扬（州）后，周视阜宁、盐城、东台各县之盐垦，悉心察度串场河势，与里运河成平行线”，由此提出将二者打通，使之成为一条与大运河平行的新运河的想法。1920年12月，张謇呈文内务部、交通部、陆军部，以及全国水利局，表明淮南各盐场自南通之吕四经如皋、东台、盐城至阜宁、涟水达于灌云，七县境内大小盐垦公司林立，受“水利不利、交通不通之苦甚大”，再次申明“串场河之治为必不可更

小贴士：串场河

宋代，沿新修捍海堤（世称范公堤）一线有富安、安丰、梁垛、东台、何垛、丁溪、草堰、小海、白驹、刘庄十大盐场，将这十大盐场串联起来的河道被称为串场河。今串场河南起江苏省南通市的通扬运河，北经富安、安丰、东台、刘庄、盐城、上冈至阜宁入射阳河，全长约170千米。它作为江淮地区海盐文化的载体，见证了海盐文化盛衰转变的历史。

缓”的主张。

1921年2月，张謇进一步在《为辟治江北沿海五县串场大河并建省道计画书呈》中写道，“今日大患，在兵与匪无别，匪与兵相因，举国皆然，江淮为甚”，即当时国家最大的问题，在于兵乱与匪乱，造成社会杂乱无序，对国计民生构成了极大的威胁。其中，长江和淮河一带最为严重。究其原因，张謇认为“非江淮之民性乐为匪”，即没有哪个百姓天生乐意为匪，“匪原于穷，穷原于无实业，无实业原于无交通，无水利”。因此，“非谋水利，谋交通，必无以清乱源，植治基”。张謇

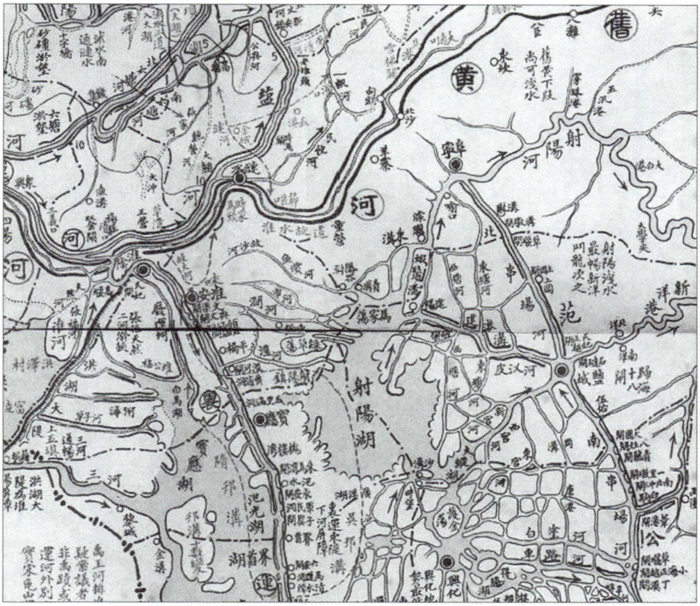

民国时期出版的江苏水文地图（局部）

表明：“謇昔主治淮治沂治运，意即为此。”也就是说，张謇治理淮河、沂河、大运河等河流的根本目的是要发展交通，一来方便政府“清乱”，二来助力实业成长。

但令张謇无奈的是，“虽已历久测量，详审计画，而施工有连带之关系，故计费有浩大之需要”，然“国力已困，借亦难图”，虽然多年来已经做了很多准备工作，但需要花费大量的钱财，而此时国家财政已经处于十分困难的处境，即使借款也难以实现。在这样的情况下，张謇只能舍大求小，"为一隅之绸缪"，即先从局部地方上做起，再逐渐扩展。那么，从哪里做起呢？张謇再次把目光投向了范公堤内的串场河。

1921年，张謇在《两淮串场大河施工计画书》中这样描述这条串场河："淮南旧有串场河，起于阜宁之东坎，止于泰县之海安，贯串扬泰各场，故以串场名。其时范公堤为捍海东堤，串场河乃堤内行水之引河，有天妃、白驹、刘庄各闸为之节宣，有射阳、新洋、斗龙各港为之泄泻，扬泰两属恃为运输交通之利器。迨海势趋东，黄河徙北，串场一河不能该括数属运输、交通之利数十百年矣。"这段话包含了三层含义：一是介绍了串场河名称的来源，是因为串起了扬州和泰县（今泰州）的各个盐场；二是肯定了串场河曾经在经济发展中所发挥的重要作用；三是反映出由于受陆地淤涨，海洋随之向东退移，以及1855年黄河改道从山东入海等因素影响，串场河的功用衰退已久。

在张謇看来，"实业、教育、军事、国税之于道路河渠，有如饮食之于肠胃脏腑，但运输交通之利，道路得其半，河渠则兼之"。他把道路、河渠对于国家的作用，比作肠胃脏腑对于饮食的作用，使人们对道路、河渠的作用一目了然。出于这种认识，以及对串场河历史和现状的考察，张謇正式提出“自海属之陈家港至东台之角斜，拟辟串场大河”的设想，并为之拟订了详细的“计画书”。

在1921年2月的《为辟治江北沿海五县串场大河并建省道计画书呈》中，张謇指出：“此串场大河与运河实有密切之关系，以平行线论，俨一新运河。”从中可以看出，张謇开辟这条“新运河”是为了分担原有运河的压力，同时为治理“老运河”提供条件。正如张謇所说：“如淮沂交涨甚大之年，里运河不能容，分而下注，旧串场河所不能容，非此河不能大其容。”因而，他指出：“为地方大局计，宜辟此串场大河。为运河全局计，亦宜辟此串场大河也。”

新运河工程之设想

张謇自从有了开辟新运河的设想之后，便开始制订详细计划，在《两淮串场大河施工计画书》中，他将工程分为“甲部”“乙部”两个部分，分别从“河线计画”“河底计画”“闸坝计画”“河床横断面计

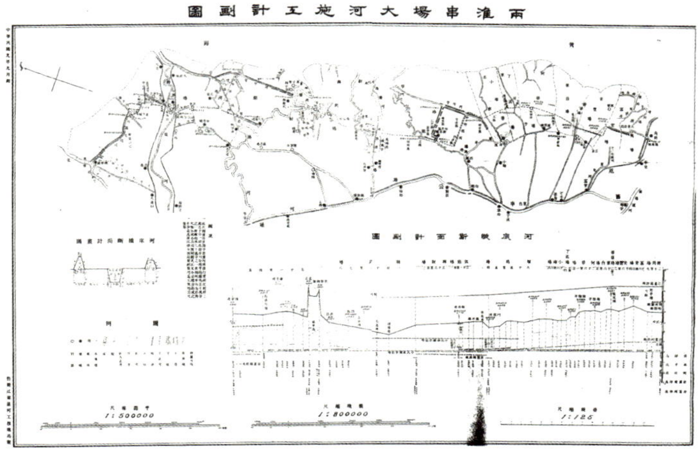

两淮串场大河施工计划图（督办江苏运河工程局制）

画”“河形曲度计画”“土方及经费计算”“闸坝经费”七个方面详细制订了“施工计画”。甲、乙两部，分期进行。

按照张謇的“施工计画”，新运河共长236千米，连接灌云、涟水、阜宁、盐城、东台五县。第一期“甲部”工程施工，应出土230余万方，如每人每日出土6方，用工5000人，需要约三年。第二期“乙部”工程施工，应出土160余万方，5500人同时施工，需要约两年。整个工程用时需五年。经费方面，总计约需300万元。其中，“土方”约需花费231.3万元；“闸坝”需要约43.2

万元，“购地”需要25.5万元。可见工程规模之宏大，以及张謇发展江北水利心情之迫切。

在《为辟治江北沿海五县串场大河并建省道计画书呈》中，张謇设想在建设串场大河的同时，“即于河堤之上，设建省道，庶交通、水利一举而两得，实业国税间接而相生”。张謇引用了战国时期著名政治家管子的名言“治天下枢在水”，强调此举的重要性，敦促政府予以大力支持。同时表明：“謇于此河，调查测量，计画俱备。设政府认为义所应办，应请明白宣布。”1921年底，徐世昌在张謇原有运河工程局督办的基础上，又给了他一个兼任新运河工程督办的头衔，以表示对张謇这一计划的认可与支持。

张謇对这条“新运河”开通后的成效信心满满：“他日之河，必使下河各县，同受舟车上下，物品运输，增进农商之便而享其利。”他甚至充满自豪地说：“此串场大河亦为淮沂二水分泄入海之导线，即目之为江北第二运河，亦无不可也。”

争取经费再遇尴尬

如上所言，按张謇的“计画”，开辟“新运河”需要花费约300万元，这着实是一个不小的数字。为此，张謇表明：“至于所需工程经费约三百万元，论义亦应由政府筹度分期酌发。如因此时财政非常困难，予以其他变通筹款之处，俾获施工，亦须政府认为应办，而后地方可分别筹画，以补政府之不足也。”也就是说，张謇已经考虑到了政府可能会因为财政困难，拖延经费，影响工程实施，于是提出让中央政府着令地方政府“分别筹画”，以补不足。

不出张謇所料，等到测量计划及预算全部完成，向民国北京政府申领相应款项时，政府却一味推诿，以致工程未能如期开工。然而，张謇并没有放弃。1922年，为了使新运河工程能够开工，张謇将原计划修改后再度呈报徐世昌，同时向江苏省内人士大力宣传开建新运河的好处。但是，实际出资支持者寥寥，政府承诺的经费也迟迟不能兑现，直至张謇去世，该工程都未能开工。

实际上，徐世昌之所以决定成立督办江苏运河工程局，并任命张謇担任督办，只是因为在中央政府任职的官员中，有不少苏北人士，他们时常向徐世昌谈及苏北运河区域水灾不断、人民苦痛的实情，请求徐世昌设法解决，以回应苏北地区日益高涨的民意。在这样的情况下，徐世昌决定成立督办江苏运河工程局，不过是为了堵住那些苏北官员的嘴，并不是真的想在运河治理上有所作为。

对此，张謇的好友刘厚生在其著作《张謇传记》中不无感慨地说：苏北人有句土话，叫作“掮木梢”，大致意思是受人哄骗，做吃力不讨好的事。张謇为了他的水利理想，从清末端方做两江总督时代起，直至徐世昌做总统时为止，不知掮了多少“木梢”。此话虽不全对，但也不无道理，一定程度上反映出张謇在水利事业实践中的无奈。

第八章　无奈辞职：困境与退出

困难重重的治运路

虽然张謇不顾年事已高，精力日衰，毅然接受任命，担任江苏运河工程局督办，任内励精图治，面对各种困难，竭尽全力去解决，但仍然时时感到力不从心，感叹时局艰难。

在张謇面临的所有困难中，最为突出的仍是经费问题，以至于他时常不得不四处化缘，以解燃眉之急。早在1922年，即担任运河工程局督办的第三年，张謇就萌生了辞去督办的想法，主要原因就是工程局的经费捉襟见肘。虽然张謇每次在规划中都设计了多种筹款方式，但在实际过程中却经常四处碰壁。例如亩捐本计划每年征收逾60万元，而由于“各县截留，每年实收不过三十万元”。自从1920年江苏运河工程局开办以来，每年收到的筹款都不足计划中的半数，“以致应办工程无从着手”。而他提出的“新运河工程”，囿于经费之限，也迟迟不能实现。经费一项，常常让张謇忧虑不已，进退两难。虽然当初在任职演说中，张謇便承诺过，对于筹款一事，绝不会“不穷而即退”。但事实看来，其艰难程度远非当初所想，难免使其萌生退意。王家港工程的开工，仍让他心存希望，勉力为之。但仅此项工程而言，经费也是难以为继，这着实让张謇感到心力交瘁。

除去经费长期严重缺乏的因素之外，时局的动荡不安，也给江苏运河工程局的实际运作带来了严重的阻碍。在张謇担任江苏运河工程局督办的这段时间，即1920—1925年，帝国主义势力卷土重来、侵扰不休，军阀混战频繁，匪乱四起，“匪与兵相因，举国皆然，江淮为甚”，政局动荡不安已达极点。面对此种境况，张謇不禁哀叹：“太平在何时，今年待明年。呜呼，覆巢之下无完卵，野老洒泪江风前。”虽然在张謇的督办下，江苏运河工程局制订了一系列的治运计划，但民国北京政府当时面临严重的内忧外患，无暇顾及社会和经济事业，就大运河治理而言，既无长期的治运规划，也无一贯的治运政策。在此情况下，一切事业皆处于凋敝状态，实在是难有作为。

大生企业资不抵债

20世纪20时代初，列强卷土重来，加强了对中国的经济侵略。此时，国内军阀混战也日益加剧，社会环境日趋恶化。1921年金融危机爆发，同年江淮地区发生水灾，棉花产量急剧下降。在多种因素的综合作用下，大生纱厂经营逐渐陷入困境。

到1922年，大生纱厂的一、二两厂已出现严重亏损。其中，一厂亏损39万余两，二厂亏损31万余两。同时，一厂的负债总额已高达1242万余两，二厂负债总额

小贴士：1921年金融危机

1921年，在中国各大城市爆发了一场以股票暴涨暴跌为特点的金融危机，由于这场危机主要爆发于信托公司和证券交易所，史称“信交风潮”。这场危机不但对中国金融市场乃至整个经济运行造成了严重破坏，而且导致生产领域投资减少、失业群体增加，给社会带来巨大动荡。

也高达352万两。仅“借入款”一项，一厂就达约710万两，二厂也有约126万两，分别占到负债总额的57.17%和35.80%，从“借入款”的内容来看，绝大部分是垫付盐垦系统拖欠和地方事业经费。

面对困境，张謇只得四处求援借债，但是应者寥寥。张謇不得已以大生三厂作为抵押，向日本财团借款800万元，但日方向来认为大生纱厂是其重要竞争对手，借款拖了两年也未能达成。张謇于是又转向美国福特等资本集团借款，但由于美方对中国国内形势的担忧，最终也功亏一篑。1925年，大生资本集团负债已达资本总额的258.89%，严重资不抵债。同年，大生资本集团被上海债权银团接管。

小贴士：上海债权银团

银团是指由多家银行组成，共同出资进行联合放款，共同承担风险的联合组织。作为债权人，对放贷对象享有协议约定的债权人权利。上海债权银团是由民国时期上海的中国银行、交通银行、金城银行、上海银行和永丰、永聚钱庄等多家银行或钱庄组成的联合放贷组织。

大生集团鼎盛时，拥资达3400余万元。事实上，张謇每年至多只能提取大生集团部分赢利充作治运经费。自1899—1921年，大生集团通过大生纱厂获利共约2400万元，扣除比例很大的股东红利、公积金等，每年能用于扩大再生产的不足10万元。如将10万元再切割成许多部分，则用于治运的经费就更微乎其微了。何况动用大生集团的经费，用于并非属于大生企业系统的运河工程，还要征得股东的同意。至此，我们就不难理解为什么张謇在1921年实施王家港工程时，大生集团竟连区区40余万元的经费都拿不出来。

大生纱厂的衰落，给张謇本人造成了极大的打击，并极大地分散了他的精力。1922年后，他主要的活动就是为了筹款解决大生纱厂的危机，因此对督办江苏运河工程局一事造成了很大程度的影响。

身心疲惫一并辞职

资金窘迫、时局动荡长期困扰着张謇和江苏运河工程局。1925年1月，张謇在给段祺瑞的请辞电文中提到他自1922年后屡辞不准，运河工程局现仍然仅有“筹备整理之时，绝无实力设施之望”。如果久占督办职位不干实事，“自问益以增疚，加以时局蜩螗（tiáo táng，比喻喧闹、纷扰不宁），更无水利埠政可言，应请准予辞职，另简贤能，即日接替”。至于新运河工程督办，张謇表示，“宜请一并准辞”。他在请辞函电中对自己的工作做了总结，强调了自己退出的原因，“比经济困蹶，两局应行事宜无由发展”。两个运河工程督办，张謇同时全部辞掉。张謇与完全由自己倡导的两个运河工程告别，可以想见他此时辞职的决心之大，以及极为沉重的内心世界。

除了资金与时局等因素外，由于大运河治理涉及多方利益，常常引起各种争议，难以平衡，也让张謇十分头疼。一些地方人士甚至横加猜测，认为张謇治理运河别有所图。这样的无端猜测，甚至人身攻击、从中挑拨，让张謇百感交集、困难重重。尤其是在1921年江北大洪灾期间，张謇的一些决策触动了部分地区的利益，受到了这些地区士绅的直接责难，此后的治运工作更加举步维艰。运河工程的繁重浩大，以及工程开展过程中长期存在的不被认同和理解，更是让张謇身心俱疲。

由于时刻面临着以上种种因素的重重困扰，治运工程难有进展，几乎是看不出一丝希望，致使张謇最终心灰意冷。1925年，大生集团的衰落已难挽回，此时的张謇已是不堪重负。同年，他再次递交辞呈，黯然选择退出江苏运河工程局。次年，张謇在南通去世。他为之奋斗了大半生的水利事业无果而终，无疑给他留下了深深的遗憾。他曾不禁慨叹：“謇不幸而生中国，不幸而生今之时代。”

第九章　时代楷模：张謇治运精神及当代启示

家国情怀

张謇5岁进入私塾接受儒学教育，深受儒家思想影响。22岁时，他第一次走出家乡，入幕江宁，开始接触社会。不久，由于公务跟随孙云锦到淮安，他目睹了江淮地区农民极端贫困的生活，深受触动，由此确立了决心为天下苍生谋福祉的人生理想。1887年，张謇应孙云锦邀请，到河南开封客幕，不久黄河在郑州决口，张謇奉命勘灾、赈济，并通过仔细勘察，提出治理黄河水灾的建议，但遭到多方反对。在辞去幕僚职务回乡途中，经过淮河流域，张謇又目睹水灾在当地留下的惨状，决心探寻淮河治理之策，为民解困，为国分忧。自此，水利成为张謇终身为之奋斗的重要事业之一。

张謇认为，治国福民的事，河工水利是第一件。因为在他看来，世界惟水这样东西，不能为利，就要为害，不绝对有利，即绝对有害，没有徘徊中途的道理。他致力于水利事业前后40余年，无处不渗透着浓厚的家国情怀。如1912年民国创立，清朝的统治宣告结束，这年年底，张謇为治理水患专电大总统袁世凯，痛斥前清政府漠视百姓，“专制之国有君无民，故置民之疾痛愁苦，漠然而不顾”，同时以此敦促民国北京政府大力兴办水利事业，治理水患。1913年，各省水灾严重，当年年底，民国北京政府委任张謇为全国水利局总裁，张謇在给袁世凯的电文中坦率地说：“余本无仕宦之志，此来不为总理，不为总统，为自己志愿。”即本不想为官，之所以出任，是因为可以借此多做些于国于民有利的实事。再如1918年，张謇草拟《江淮水利计画第三次宣言书》，随后上书段祺瑞，“为滨海数千万生灵请命”，表明自己为国为民的坚定意志。又如1920年，已近70岁的张謇不顾年老体衰，毅然接受任命，担任江苏运河工程局督办，研究制定治理规划，并为治理运河四处奔走，竭尽所能，还坐着牛车多次亲历运河治理工地，视察督导，处理纠纷。没有强烈的家国情怀支撑，是断不可能的。

张謇不仅为水利事业亲力亲为，还对水利人才培养机构的学子们寄予厚望。在为河海工程专门学校制定的章程中，他希望学生要具有自觉自愿地献身河海工程事业和不怕吃苦耐劳的牺牲精神。

1926年8月1日，身体不适的张謇冒着酷暑视察保坍工程，病情加重，8月24日与世长辞。当时有人拍下了他视察保坍工程的照片，也成为张謇在世时留下的最后一张照片。直到生命最后一息，他仍坚持在治水第一线，怎能不让人为之感动？

无论何时，家国情怀都应该成为我们干事创业的精神动力，也是凝聚民心，以及国家和民族发展的现实需

张謇在保坍工程现场视察（居中拄拐杖着黑衣者即张謇）

要。张謇的家国情怀为我们树立了光辉榜样，值得我们深思，并从中获得精神养分。

世界眼光

张謇在钻研传统学问的同时，深刻体会到儒家“修身、齐家、治国、平天下”要义的精髓，成为“开眼看世界”的代表人物。他有一句名言：“一个人办一个县的事情，就要有一个省的眼光，办一个省的事情，就要有全国的眼光，办一个国家的事情，要有世界的眼光。”他注重结合本国国情，积极学习、吸收西方先进思想和科技成就，为我所用。他敏锐地看到，“洞明世界趋势、国家现状、地方大计，鼓舞而倡之”，有助于“以患难促人民之觉悟，以忧危长人民之智力，成斯空前之举”。

据张謇嫡孙张绪武回忆，祖父张謇经常强调“思想要有时代性，事业要应着世界潮流”。事实上，不仅仅是对家人，张謇在各种场合都极力强调具有世界眼光的必要性和重要性。早在1887年12月，张謇为治理黄河拟文呈倪文蔚：“泰西能于水中挖泥之法，实中国从来所未有。……此举一行，日引月导，岸益培而厚，堤不加而高，足使龙门以下千二百余里之黄河由地中行，安流顺轨。”“平地开河器恐中国所罕，必须购自德国。”再如1911年7月，张謇在中央教育会上指出：“今日我国处列强竞争之时代，无论何种政策，皆须有观察世界之眼光，旗鼓相当之手段，然后得与于竞争之会，而教育尤为各种政策之根本。”凡此种种，不胜枚举。

对于人才的选用，是张謇世界眼光的一个集中反映。1924年，他在女子师范校友会演说中谈及自己对人才的看法：“但于用人一端，无论教育、实业，不但打破地方观念，并且打破国家界限。人我之别，完全没有的。只要那个人能担任，无论中国人、外国人都行。”这样的世界眼光，在其水利事业中也得到了充分体现。如他在通州师范学校相继创设测绘科与土木工科，延聘日籍教师木村忠治郎、远藤民次郎、喜泽嘉寿之丞、宫本几次等；任全国水利局总裁时，力主导淮治运，聘请了不少外国水利专家，如荷兰的奈格、贝龙猛、特莱克，瑞典的施美德，美国的葛雷夫、方维因，比利时的平爵内，等等。他对聘请的专家都十分敬重，还与其中不少专家建立了深厚的友谊。他重视学生的水利技术教育，认为水利知识日新月异，必须用新知识、新技术教育学生，“适应世界大势之潮流”。1922年，张謇在说明创办河海工程专门学校的原因时说：“虽工程实施，俟诸异日，而五洲通市，西法东渐，河海工程独抱闭关主义，势更有所不能。”张謇是这样说的，也是这样去做的。他不但亲自东渡日本考察，还选拔学生到国外留学深造，甚至自掏腰包。如据河海毕业生宋希尚回忆，张謇曾私人资助他到欧美学习水利，这让他终生难忘。

当前，世界各国联系日益紧密，交往日益频繁，张謇强调凡事须具有世界眼光的思想和做法仍具有鲜明的时代意义，值得我们认真思考，并在新时代中国特色社会主义建设的伟大征程中继续发扬光大。

强毅力行

张謇一生事业涉及政治、经济、教育、文化、军事、外交、市政、水利、慈善公益等诸多领域，为推动中国社会的现代化进程做出了杰出贡献。一个人，在这么多的领域都有所建树，并非张謇有过人的精力，或者超人的智慧，根本在于张謇身上有一种闪光的品质，即

“说到做到”。他不但是个思想家，还是个身体力行的实干家，但凡是他提出的理念，他都会努力按照想法去做，并在“做”中不断丰富自己的理论。

张謇作为传统知识分子中的佼佼者，却从不居高自傲，而是脚踏实地，秉持为国为民的宗旨，不懂的就去学，就去实地踏访，向相关专家、当地士绅以及劳动人民请教。在他看来，“天下无不可成之事”，遇到困难，不要畏惧，而应保持乐观积极的态度，“事之艰难颠沛，对于个人，乃为磨炼；对于事实，则为促进”，无论是否成功，只要有一颗为事业矢志不渝的心，努力去做就足够了。他曾说，“謇虽老矣，夙志所在，愿观其成，固不论事之谁属也”，充分反映了他的这一人生态度。1911年，张謇受沪、粤、津、汉四商会公推，入京就美商和华商所订中美银行、航业二事陈请政府支持。其间，受到庆亲王奕劻召见。在交谈中，张謇介绍了自己自从《马关条约》签订后，“不胜愤耻”，投身实业、教育，同时致力于地方自治实践的情况，表明自己“虽不做官，未尝不做事”的宗旨。

当前，中国特色社会主义已经进入了新时代，张謇“强毅力行”的精神品质值得我们大力弘扬，并从中汲取养分，激励我们奋发有为，树立功成不必在我、功成必定有我的大局观，为实现中华民族伟大复兴的“中国梦”做出自己的贡献。

德行为本

张謇一生十分注重个人德行的养成，在他看来，良好的德行是干事创业的基础，这一点比知识与技能的学习更为重要。同时，他认为这应该是办教育的基本追求。在给各类学校学生的演讲中，张謇始终把德行的养成放在对学生要求的首位，反复强调。仅以河海工程专门学校为例，在他拟定的《河海工程专门学校旨趣书》中，他指出“夫教育之道，贵在方针”，“此校之立，所树为教育方针者三事”，第一即为“注重学生道德思想，以养成高尚之人格”，并强调“德，本也；才，末也”。第二则为“注重学生身体之健康，以养成勤勉耐劳之习惯”，实际上还是对学生德行养成的要求。第三才是“学理技术”。为了进一步强化“德行为本”的理念，张謇甚至还在学校专门设立了进德部。

除了在教育方面对学生的德行养成提出希望之外，

张謇还对相关机构职员的德行操守提出了具体要求。以水利事业为例，在《运河工程局就职演说》中，张謇提出了“诚、忍、慎”的三字做事原则，进一步明确了运河工程局职员在德行方面应遵循的具体原则。“诚”即诚实，实事求是，不弄虚作假，以取得民众的信任；“忍”即忍耐，指的是对于工程进行中的利益纠纷要加以忍耐，并耐心地做好疏导工作，为工程的顺利开展保持良好的秩序，同时也表明工程局实事求是、不偏不倚的作风；“慎”即慎重，指的是决策要在充分听取各方意见基础上，通过审慎周密的调研，做到科学决策。在张謇看来，“本局之名誉、工程之良楛，全以此为始基”，希望“在事各员时时以诚、忍、慎三字为正鹄”，即此三字做事原则关乎运河工程局的名誉和运河工程开展好坏，是运河工程局能否取得实效的基础。同时，为了防患于未然，张謇还指出：“其中如有办事不力、自检有疏者，可据实报告，不能姑息优容，有妨全局。”对违反三字做事原则的人员，坚决处理，绝不姑息，以免妨碍全局。

张謇对于德行的重视，值得当今社会深思。人与人之间乃至国与国之间的交往需要相互信任，信任来自真诚待人，在发生矛盾时，要注意忍让为先，以大局为重，进而弄清事实，谨慎处理，这是形成良好人际关系的必要基础，也有助于为干事创业提供良好的氛围。

知行结合

张謇扎实的文化功底，丰富的社会阅历，使他早在担任幕僚期间就已开始关注民生，并自觉地将理论与实践结合起来，“知行结合”是张謇精神品质的又一闪光之处。

仍以水利事业为例，早在孙云锦幕府期间，张謇随同前往淮安，看到江淮农民为水患所困扰而生活困窘的处境，开始研习历代治水名著，积累了初步经验。在1877年处理黄河决口事件中，他开始将以往书本所学与实地勘察相结合，提出了自己的想法，也进一步丰富了自己的经验。这为他今后主导淮河和大运河治理奠定了重要的认知和经验基础。他将这一认识总结为“学问兼理论并阅历乃成，一面研究，一面践履，正求学问补不足之法”。这一认识在张謇治理大运河的过程中得到了充分体现，如在担任江苏运河工程局督办期间，面对淮河和大运河同时大涨，江淮一带遭受大水灾，面临是否开昭关坝的争议时，张謇不顾谩骂与威胁，坚持通过实地考察，综合考虑，再做决定。

张謇不仅是这样要求自己的，对于即将成为后继人才的莘莘学子更是十分注重。他反复强调学生要理论联系实际，“将欲行之，必先习之，有课本之学习，必应有实地之经验”，勉力学生应当着重学习“构造谨严，计划廉严，效用切实，经济优入”的好经验。在《河海工程专门学校旨趣书》中，他对中国旧知识分子“长于推立，短于征实，长于总汇，短于分析”以及“实学而不求实施”、空言无裨等弊病进行了尖锐的批评，进而提出注重实验、实习，提倡自学辅导，养成切实实用之知识的方针。

理论知识来源于实践，同时也对实践起着重要的指导作用，实践是检验真理的唯一标准，只有做到知行结合，即将理论知识与实践结合起来，才能不断引领我们朝着正确的方向前进。张謇用他的实际行动验证了这一道理，其思想内容与实践经验对于当今社会仍具有重要的启示意义。

第十章　功留史册，梦圆当代

功勋卓著

谈及张謇的水利事业，以往有论者认为“他所主张的水利计划，不论大小并无一事实现”。诚然，张謇对大运河的治理由于遭遇重重困难，从表面上看来确实成效不甚显著，但我们却不能因此而忽视其在大运河治理方面所做出的突出贡献。主要表现在以下几个方面：首先，积累了丰富的水利资料。张謇把勘察测量作为治水的首要工作，他主持运用西方较为先进的仪器与方法，常年开展江淮一带水系测量，所得资料“计册一千二百三十八，图二十五卷又二千三百二十八幅”，并由

杰出的水利先行者张謇

“欧美工程家凭图审勘，与实地检查，证为可信”，为后世研究治理工作留下了一笔宝贵的财富。著名的水利专家郑肇经高度评价道，此举“实开我国科学治水之先河”，可谓实至名归。第二，总结出较为系统的水利思想。张謇在研读了大量中国古代治水著作的基础上，积极吸收西方先进经验，结合自身40余年治水实践，形成了较为系统的水利思想，具有重要的学术价值。甚至有学者称张謇为“清朝末期唯一研究水利之学者”，实非过誉。第三，促进了中国水利教育的发展。张謇提倡科学治水，竭力倡导创办水利教育机构，培养水利专门人才，并亲手创办了中国第一所水利高等学府——河海工程专门学校，“欧美教育家工程家来校参观者，惊为世界仅有之水工大学”。张謇大兴水利教育，培养了大批实用人才，对中国水利事业的发展产生了深远的影响。第四，张謇在水利事业的长期实践中，表现出来的浓厚家国情怀，以及心系民生、不畏艰难、知行合一、强毅力行等精神品质，也是他留给后人的一笔宝贵精神遗产。总而言之，张謇不愧为中国杰出的水利先行者，其宏富的水利思想和博大的精神内涵，值得我们认真学习和深入思考。

梦圆当代

水利关系国计民生，自古以来一直备受关注，涌现出了一大批治水先贤，他们所积累的丰富经验，以及深厚的家国情怀，延绵流传，激励着一代代的后人前赴后继，不断奋斗。正如周恩来总理所说，中国的历史从某种程度上讲是部水利史。大禹以来，历经多少代传人，锲而不舍的精神何曾衰减半分！张謇就是他们中的杰出代表，他一生致力于淮河与大运河的治理实践，虽千难万阻，仍矢志不渝，其精神令人动容。可喜的是，新中国成立后，人民政府对淮河与大运河的治理高度重视，现如今，当初困扰张謇的问题已经得到了很好的解决，淮河与大运河重获新生，仍然发挥着重要的作用。2002年，大运河被纳入了“南水北调”东线工程，承担着向华北地区输送生产生活用水的时代新使命。在淮河入海水道与大运河交汇的淮安，一座水上立交枢纽工程巍然屹立，规模为亚洲之最。它比邻苏北灌溉总渠，是一座实现淮河入海水道与大运河各自独流的水路立交工程。大运河上船队浩荡，往来如织。淮河安澜，水路通畅。可以想象，张謇如果还在世，看到如此景象，必定是十分欣喜，当初那句无奈之语“謇不幸而生中国，不幸而生今之时代”，必也定会由衷地改为“謇有幸而生中国，有幸而生今之时代”。

参考文献

1.〔民国〕督办江苏运河工程局：《督办江苏运河工程局季刊》（共 29 期），1920—1926 年。

2. 张孝若：《南通张季直先生传记》，中华书局 1930 年版。

3. 刘厚生著：《张謇传记》，龙门联合书局 1958 年版。

4. 江苏省南通师范学校编：《南通师范校史（1902—1938）》（《师范》杂志特刊），2002 年。

5. 庄安正著：《张謇先生年谱》（晚清篇），吉林人民出版社 2002 年版。

6. 刘晓群主编：《河海大学校史（1915—1985）》，河海大学出版社 2005 年版。

7. 张绪武著：《我的祖父张謇》，上海辞书出版社 2008 年版。

8. 李明勋、尤世玮主编：《张謇全集》（全八册），上海辞书出版社 2012 年版。

9. 吴顺鸣编著：《大运河》，黄山书社 2013 年版。

10. 王健等著：《江苏大运河的前世今生》，河海大学出版社 2015 年版。

11. 朱偰编著:《大运河的变迁》,江苏人民出版社 2017 年版。

12. 庄安正编著:《张謇年谱长编(民国篇)》,上海交通大学出版社 2018 年版。